Zu Beginn des Heiligen Jahres der Barmherzigkeit öffnet am 8. Dezember 2015 Papst Franziskus die Heilige Pforte des Petersdoms. Benedikt XVI. geht als Zweiter durch die Heilige Pforte. Hier begrüßen sich die beiden kurz vor der Zeremonie.

Franziskus verharrt kurz vor der Marienstatue auf dem Petersplatz. Das Foto entstand bei der Generalaudienz am 13. Mai 2015.

In der Basilika des hl. Bartholomäus auf der römischen Tiberinsel gedenkt Papst Franziskus im April 2017 bei einer Gebetsfeier gemeinsam mit Flüchtlingen der neuen Märtyrer. An jedem der Seitenaltäre entzündet er eine Kerze.

Bei der Privataudienz im März 2014 für den damaligen US-Präsidenten Barack Obama geht es entspannt und herzlich zu. Franziskus schenkt Obama ein Exemplar seines Apostolischen Schreibens „Evangelii Gaudium". Der US-Präsident meint, er werde es im Oval Office lesen, „wenn ich einmal wieder frustriert bin und Kraft brauche."

Kleiner Besucher, großer Augenblick: Bei der wöchentlichen Generalaudienz auf dem Petersplatz am 22. März 2017 gibt Papst Franziskus einem Jungen die Hand.

Während eines Besuchs in einer Pfarrei in einem Außenbezirk Roms am 19. Februar 2017 macht ein Junge ein Selfie mit dem Papst – und zeigt ihm anschließend stolz das Foto.

Sein 78. Geburtstag fällt auf einen Mittwoch, den Tag der wöchentlichen Generalaudienz. Gläubige aus aller Welt singen dem Papst Geburtstagsständchen, bringen Kuchen mit und tanzen auf dem Petersplatz zu Franziskus' Lieblingsmusik Tango.

An seinem 80. Geburtstag lädt Franziskus einige Obdachlose zu einem gemeinsamen Geburtstags-frühstück ein.

Bei einer Generalaudienz landet ein Schmetterling auf der Schulter des Papstes. Nach der Veröffentlichung seiner Umwelt-Enzyklika Laudato si‘ steht ihm so ein Kleiner Fuch eigentlich ganz gut.

Franziskus der Erste

FRANZISKUS DER ERSTE

Die schönsten Anekdoten über Papst Franziskus

benno

Fotonachweis
Umschlagfoto: © Stefano Spaziani
S.1-3, 6-9, 14/15: © Picture Alliance
S.4/5, 16: © L'Osservatore Romano
S.10/11: © Stefano Spaziani
S.12/13: © 2016 KNA-Bild

Bibliografische Information der Deutschen Nationalbibliothek
Die Deutsche Nationalbibliothek verzeichnet diese Publikation in der Deutschen Nationalbibliografie; detaillierte bibliografische Daten sind im Internet über http://dnb.d-nb.de abrufbar.

Besuchen Sie uns im Internet unter:
www.st-benno.de

Gern informieren wir Sie unverbindlich und aktuell auch in unserem Newsletter zum Verlagsprogramm, zu Neuerscheinungen und Aktionen. Einfach anmelden unter: www.st-benno.de.

ISBN 978-3-7462-4964-3

Texte: Stefanie Heckl, Leipzig
Umschlaggestaltung: BIRQ DESIGN, Dresden
Gesamtherstellung: Kontext, Lemsel (A)

Inhalt

HABEMUS PAPAM!

„Als Papa Francesco am Balkon erschien und ‚Buona sera' sagte, da kamen mir die Tränen."

Sophia Loren

„Sein bescheidenes Auftreten zeigte bereits, dass sich Franziskus dem ganzen Brimborium widersetzen wird. Ein Vorbild für alle Prälaten: Raus aus den Palästen, leben wie das Volk. ... Man kann sich wieder mehr freuen, katholisch zu sein."

Heiner Geißler, ehemaliger CDU-Generalsekretär

„An den Kardinal Bergoglio habe ich nicht gedacht. Doch siehe da ... Das ist ja das Schöne, dass wir eigentlich nicht die Macher sind, wir sind eigentlich nur so die ausführenden Organe. Jetzt können wir sagen: Die Arbeit war gut, wir haben einen Papst! Und es ist eigentlich ein gutes Zeichen, dass er ganz anders ist, als ich ihn mir vorgestellt hätte!"

Joachim Kardinal Meisner über das Konklave

Wir brauchen einen Franziskus!

Es sind beinahe prophetische Worte, die Papst Johannes Paul II. im Februar 2003 spricht: „Zu Beginn des 3. Jahrtausends bedarf die Menschheit und die ganze Welt mehr denn je der Spiritualität des heiligen Franziskus. Männer und Frauen von heute brauchen den Glauben, die Hoffnung und die Barmherzigkeit von Franziskus; sie brauchen die Freude, die aus der Kraft seiner Spiritualität strömt.“ Diese Sätze, die zehn Jahre später in überraschender Weise aktuell klingen, fallen bei einem Treffen mit Franziskanern aus Polen. Bei diesem Treffen erinnert sich Johannes Paul II. an einen Besuch im Franziskanerkloster in Krakau, bei dem er schon 1976 aufrief: „Wir müssen intensiv dafür beten, in unseren eigenen Zeiten einen Franziskus zu bekommen.“

Rückflugticket verfällt

Am 26. Februar, also kurz vor Beginn der Sedisvakanz, bricht Jorge Mario Bergoglio zum Konklave nach Rom auf. Vor seiner Abreise sagt er zu einem seiner engsten Mitarbeiter in Buenos Aires: „Ich habe keine Chance, Papst zu werden. Das Alter spricht diesmal gegen mich.“ Tatsächlich ist Kardinal Bergoglio bereits 76 Jahre alt, als er sich zum Konklave aufmacht; nur zwei Jahre jünger als Joseph Ratzinger bei seiner eigenen Wahl 2005. Würden die Kardinäle wieder ein Kirchenoberhaupt wählen, das möglicherweise wenige Jahre später nicht mehr die Kraft für das Amt verspürt? Kardinal Bergoglio hält das für wenig wahrscheinlich. Seinen Rückflug hat er für den 23. März gebucht. Ganz so schnell wird er nun wohl nicht nach Buenos Aires reisen können.

Die „Bewerbungsrede“

Vor dem Konklave nehmen sich die aus aller Welt angereisten Kardinäle Zeit, ausführlich in der Generalkongregation miteinander über die Situation der Kirche zu reden und zu beraten, welche Art von Papst sie in Zukunft haben wollen. Jeder Kardinal kann sich zu einem Thema seiner Wahl zu Wort melden. Die Redezeit ist dabei wegen der großen Anzahl der Wortmeldungen auf fünf Minuten begrenzt. Am 8. März – es ist bereits der fünfte Tag der Beratungen – meldet sich Jorge Mario Bergoglio zu Wort. Seine kurze Rede, die mit etwas mehr als drei Minuten sogar noch deutlich unter dem Zeitlimit bleibt, hinterlässt einen tiefen Eindruck. Nach der Wahl stimmt der neue Papst einer Veröffentlichung der Rede zu – entgegen der sonst üblichen Geheimhaltung. In sehr klaren Worten kritisiert er darin die Selbstbezogenheit der Kirche. Mit Blick auf eine Bibelstelle aus der Offenbarung, in der es darum geht, dass Jesus an der Tür steht und anklopft, meint er: „In dem Bibeltext geht es offensichtlich darum, dass er von außen klopft, um hereinzukommen. Aber ich denke an die Male, wenn Jesus von innen klopft, damit wir ihn herauskommen lassen. Die egozentrische Kirche beansprucht Jesus für sich drinnen und lässt ihn nicht nach außen treten."

Im zweiten Anlauf

Bereits beim Konklave 2005 galt Kardinal Bergoglio als „papabile". Wie man aus dem veröffentlichen Konklave-Tagebuch eines anonymen Kardinals erfahren konnte, war Bergoglio der Hauptkonkurrent von Joseph Ratzinger. Da alles, was im Konklave geschieht, streng geheim gehalten wird, sorgte 2005 die Veröffentlichung der Aufzeichnungen in der italienischen Zeitschrift

„Limes“ für Aufsehen. Laut dieses Berichts hatte Bergoglio im dritten Wahlgang ganze 40 von 115 Stimmen erhalten. Ratzinger hatte da schon 72 Stimmen erhalten, die jedoch nicht ausreichten. Ein Patt drohte. Bei der nächsten Mittagspause, es war der 19. April 2005, sprach Kardinal Bergoglio seine Unterstützer einzeln an und bat sie, ihre Stimmen Ratzinger zu geben. Er wollte die Wahl nicht blockieren. Joseph Ratzinger siegte daraufhin im nächsten Wahlgang mit 84 Stimmen und trat sein Pontifikat als Benedikt XVI. an. Einer der Kardinäle bezeichnete das Konklave später als „something of a horse race“, ein zeitweise enges Rennen also. 2013 wurde Kardinal Bergoglio zwar wiederum als „papabile“ gehandelt, galt jedoch nicht als einer der absoluten Top-Favoriten wie der Brasilianer Odilo Scherer, Erzbischof Angelo Scola oder Kanadas Kardinal Marc Ouellet. Franziskus ist ein Überraschungspapst im zweiten Anlauf.

Der Beginn eines Abenteuers

Was für eine Erfahrung!“, sagt der französische Kardinal Jean-Louis Tauran über die aufregendsten Minuten seines Lebens, in denen Fernsehkameras aus aller Welt auf ihn gerichtet sind.

Dass er die Aufgabe haben würde, mit den Worten „Habemus Papam“ der Welt die Wahl des neuen Papstes zu verkünden, steht schon zu Beginn des Konklaves fest. Anders gekommen wäre es nur, wenn der 69-jährige Tauran selbst zum Nachfolger Benedikts XVI. gewählt worden wäre. Das jedoch ist schon aufgrund seiner Parkinson-Erkrankung unwahrscheinlich. Ist es nun die Krankheit oder doch die Aufregung, die seine Stimme merklich zittern lässt? Vielleicht ein wenig von beidem. Als er den Namen des gewählten Kan- didaten so lateinisch wie möglich als Georgium Marium Cardinalem Bergoglio verkündet, macht er sich Gedanken über die Reaktion der Menschen. Da Bergoglio „nicht zu den papabili gezählt worden war, wusste ich, dass sie überrascht sein wer- den“. Der Moment auf der Loggia des Petersdoms, so bekennt er später, „war wie wenn ein Flugzeug abhebt, der Beginn eines Abenteuers“.

Buona sera

Die Spannung ist riesengroß, als um 20:22 Uhr endlich der neue Papst die Loggia des Petersdoms betritt. Bereits kurz nach 19 Uhr war der weiße Rauch aus dem Schornstein der Sixtinischen Kapelle aufgestiegen und hatte das Ende des Konklaves verkündet. Seitdem warten Tausende Menschen bei strömendem Regen ungeduldig auf dem Petersplatz und Millionen weitere an den Fernsehgeräten in aller Welt. Wer ist der Neue? Etwas unscheinbar wirkt er, beinahe schüchtern. Keine großen Gesten, kaum ein Lächeln. Aufmerksam betrachtet er die Menschenmenge auf dem Petersplatz. Und dann, ganz unprätentiös, die ersten Worte: „Fratelli e sorelle, buona sera!" – Mit einem einfachen „Guten Abend" begrüßt er die „Brüder und Schwestern" und meint, die Kardinäle seien „fast bis ans Ende der Welt gegangen", um den neuen Bischof für Rom zu finden. Ungemein sympathisch und bescheiden wirkt er, als er zunächst mit den Gläubigen für Benedikt XVI. betet und ganz am Ende – bevor er den traditionellen Segen „urbi et orbi" spendet – die Menschen um einen Gefallen bittet: Sie sollen zunächst still für ihn beten. Ein paar Augenblicke herrscht dann tatsächlich tiefes Schweigen auf dem großen Platz. Zum Schluss wünscht er allen „Gute Nacht und angenehme Ruhe".

Ein „armer Bursche"

Maria Elena Bergoglio, die jüngere Schwester von Jorge Mario Bergoglio, die als einzige seiner drei Geschwister noch am Leben ist, verfolgt zusammen mit ihrem Sohn Jorge Vallejos das „Habemus Papam" im Fernsehen. Eigentlich habe sie sich gewünscht, dass Kardinal Odilo Scherer aus Brasilien der neue Papst werden würde, den „habe ich immer gemocht", berichtet Maria Elena in einem Interview. „Wir haben den Fernseher angemacht, um herauszufinden, wer der arme Bursche ist, der zum Papst gewählt wurde." Eine Vorahnung, dass dieser „arme Bursche" ihr eigener Bruder sein würde, hat sie nicht. Anders als beim letzten Konklave 2005 hatte sie sich bei der Verabschiedung von ihrem Bruder dieses Mal überhaupt keine Sorgen gemacht, dass sie ihn eventuell so schnell nicht wiedersehen würde. Jorge Vallejos, der auf einen Franziskaner als neuen Papst gehofft hatte, muss sich erst einmal von dem Schreck erholen. Er meint, er vermisse seinen Onkel jetzt schon sehr.

„Ich konnte nicht Nein sagen."

Am Samstag nach seiner Wahl ruft Franziskus seine Schwester Maria Elena Bergoglio an; es ist nur ein kurzes Telefongespräch. Er bittet sie, Grüße an die ganze Familie auszurichten, es gehe ihm gut. Zu seiner Wahl meint er, die Dinge hätten sich so ergeben: „Ich konnte nicht Nein sagen." Bei einem zweiten Anruf, so berichtet die Schwester, haben sie ganz unbefangen miteinander geredet. Sie sei auch nicht auf die Idee gekommen, ihren Bruder Jorge mit Francesco anzureden. „Es war ein normales Gespräch, wie wir das immer hatten. Beispielsweise wollte er wissen, was ich koche!" Natürlich ist sie etwas traurig, ihren Bruder so schnell nicht wiederzusehen, aber „ich habe Millionen neue Brüder und Schwestern hinzugewonnen und ich versuche herauszubekommen, wie ich meinen Bruder mit all diesen neuen Familienmitgliedern teilen kann".

Improvisierte Verbindung

Der Mann „vom Ende der Welt" fackelt nicht lange, wenn er jemanden sprechen möchte. Schon direkt nach der Wahl beschließt er, Benedikt XVI. anzurufen, der die Geschehnisse von Castel Gandolfo aus im Fernsehen verfolgt. Das Problem: Um die Geheimhaltung beim Konklave zu gewährleisten, waren Störsender eingerichtet worden. Deswegen funktionieren die Telefone in der Nähe der Sixtina nicht; auch Handys haben keinen Empfang. Hier ist Improvisationstalent gefragt. Stefan von Kempis berichtet in seinem Papst-Buch, wie einer seiner Kollegen von Radio Vatikan für Abhilfe sorgt: In einem Zimmer, von wo aus die Live-Kommentare zu großen Papstmessen für den Sender eingesprochen werden, weiß dieser ein funktionstüchtiges Telefon. Der neue Papst ist einverstanden, und los geht es! Den Raum, den von Kempis als „Rumpelkammer" mit ausrangierten Beichtstühlen beschreibt, erreichen sie über einen Lastenaufzug und einen Seiteneingang. Doch obwohl das Telefon tatsächlich funktioniert, ist es gar nicht so leicht, Benedikt an den Apparat zu bekommen. Der sitzt mit seinen Mitarbeitern vorm Fernseher und hört das Klingeln zunächst nicht. Schließlich erreicht ihn Franziskus doch noch, und sie vereinbaren ein baldiges Treffen.

Gott kommt doch zum Ziel

Sechs deutsche Kardinäle nehmen am Konklave teil. Unter ihnen sind auch Karl Kardinal Lehmann aus Mainz und der Kölner Kardinal Joachim Meisner. Beide sind überrascht und höchst zufrieden mit dem Ausgang der Wahl. Kardinal Lehmann, der in der Sixtinischen Kapelle zwei Plätze neben Kardinal Bergoglio gesessen hatte, war von der Ruhe beeindruckt, die der Argentinier während des ganzen Tages bewahrte.

Kardinal Meisner gibt zu, dass er wie die meisten anderen mit Bergoglio zunächst nicht gerechnet hatte und ihn auch kaum kannte. Er habe aber diejenigen gefragt, „die Bescheid wissen“, und sei nun überzeugt: „Das ist der Richtige!“ Nach seiner Meinung gefragt, wie wohl Benedikt XVI. auf den Ausgang der Wahl reagiert habe, vermutet er, dass dieser weniger überrascht gewesen sei. Schließlich sei Bergoglio schon beim Konklave 2005 ein sehr aussichtsreicher Kandidat gewesen: „Ich denke, er wird schmunzeln und sagen: Na ja, der liebe Gott kommt doch zum Ziel. Wenn er ihn damals schon haben wollte, ist es nicht gleich gelungen, aber jetzt, acht Jahre später, ist es okay.“

Die schwarzen Schuhe

Dass der Papst eigentlich rote Schuhe trägt, ist eine jahrhundertealte Tradition. Und so stechen die schwarzen, bereits etwas ausgetretenen Straßenschuhe von Papst Franziskus sofort ins Auge. Mit diesen „Tretern“ war er bereits durch die Armenviertel von Buenos Aires gelaufen.

Das elegante Schuhwerk aus rotem Kalbsleder, das hingegen seine Vorgänger Benedikt XVI. und Johannes Paul II. getragen hatten, wurde vom Schuhmacher Adriano Stefanelli per Hand gefertigt. Stefanelli hat bereits Schuhe für den Ferrari-Chef, für führende Politiker und für Kardinäle gefertigt. Päpsten stellt er zwar nie eine Rechnung, doch ein „ganz normaler“ Kunde müsste etwa 1200 Euro für ein Paar Schuhe berappen.

Papst Franziskus setzt mit seinen Straßenschuhen also ein unübersehbares Zeichen. Und erinnert auch da an Franz von Assisi, der Armut predigte und selbst möglichst einfache Kleidung und Sandalen trug. Inspiriert war er dabei von Jesu Worten bei der Aussendung der zwölf Jünger: „Nehmt keine Vorratstasche mit auf den Weg, kein zweites Hemd, keine Schuhe, keinen Wanderstab“ (Mt 10,10).

„Möge Gott euch vergeben“

Papst Franziskus beweist immer wieder Humor. Als er nach seiner Wahl mit den Kardinälen zu Abend isst, dankt er zunächst den Kardinälen, sagt dann aber mit einem Augenzwinkern: „Möge Gott euch vergeben, was ihr getan habt!“
Zu dem Abendessen im Gästehaus Santa Marta, wo die Kardinäle während des Konklaves gewohnt hatten, war der frischgebackene Papst übrigens nicht, wie es ihm zugestanden hätte, mit einer Limousine gefahren, sondern zusammen mit den Kardinälen im Bus.

Gebet in aller Stille

Was macht ein Papst am ersten Tag im Amt? Natürlich gibt es jede Menge zu tun und vorzubereiten. Franziskus begibt sich am Morgen nach seiner Wahl jedoch zuerst einmal in die Basilika Santa Maria Maggiore, um dort allein in aller Frühe zu beten. Kurz nach 8 Uhr trifft er an der größten Marienkirche Roms ein und betritt sie durch einen Seiteneingang. Vor dem Marienbildnis „Salus Populi Romani“ (Beschützerin des römischen Volkes), das in der Basilika verehrt wird, verharrt er im stillen Gebet, um das Bistum Rom der Fürsprache der Muttergottes anzuvertrauen. Völlig überrascht ist eine Gruppe von Schülern, die sich zufällig in der Kirche aufhalten, hier den neuen Papst zu treffen. Wegen der unerwarteten Begegnung mit dem sympathischen Pontifex kommen sie zu spät zur Schule, was unter diesen Umständen sicher verzeihlich ist.

Auf dem Rückweg von der Basilika macht Franziskus noch rasch im Gästehaus halt, in dem er während des Konklaves gewohnt hatte, um selbst seine Sachen zu packen und seine Rechnung zu bezahlen – auch das eine ungewöhnliche Geste.

Guten Appetit

Zum ersten Angelus-Gebet von Papst Franziskus strömen etwa 150 000 Menschen auf den Petersplatz, um den neuen Papst zu hören. Er spricht über die Barmherzigkeit und hat – da er zumeist frei spricht – spontan eine Lektüreempfehlung. Er habe gerade ein Buch von Kardinal Kasper über die Barmherzigkeit gelesen, das ihm sehr gefallen habe, erzählt er. „Und jenes Buch hat mir sehr gutgetan, doch glaubt jetzt nicht, dass ich Werbung für die Bücher meiner Kardinäle mache!“, fügt er rasch hinzu. Die zentrale Botschaft des ersten Angelus besteht nicht aus komplizierten theologischen Überlegungen, sondern ist denkbar schlicht und ebenso einleuchtend: „Ein wenig Barmherzigkeit macht die Welt weniger kalt und viel gerechter." Eine kleine Überraschung gibt es zum Schluss. Während es bisher üblich war, dass der Papst am Ende des Angelus in sechs oder sieben Weltsprachen die Pilger aus verschiedenen Ländern begrüßt, so verabschiedet sich Franziskus mit einem schlichten „Buona domenica e buon pranzo!" („Schönen Sonntag und guten Appetit").

Wappen-Korrektur

Nur wenige Tage nach Beginn des Pontifikats von Papst Franziskus wird sein Papstwappen geändert. Auf dem Wappen sind unter anderem ein Stern, eine Nardenblüte und das Symbol der Gesellschaft Jesu zu sehen. Mit einem Stern – nach christlicher Symbolik ein Bild für Maria, die als maris stella, als Meeresstern, verehrt wird – kann man eigentlich kaum etwas falsch machen. Allerdings schienen die fünf Zacken bei näherer Betrachtung dann doch nicht ganz passend für ein Kirchenoberhaupt. Manch einer dachte da vielleicht an den fünfzackigen Stern, der häufig auf Flaggen sozialistischer Staaten abgebildet und vielen als „Sowjetstern“ bekannt ist. Im Vatikan vermerkte man irritiert, dass der fünfzackige Stern in den vergangenen 250 Jahren vor allem von Freimaurern, Kommunisten und Anarchisten als Symbol benutzt wurde. Inzwischen prangt ein achtzackiger Stern auf dem Papstwappen, also die klassische Form des Mariensymbols. Die acht Zacken des Sterns, so teilt der Vatikan mit, sollen die Seligpreisungen darstellen. Außerdem wurde die Form der Blüte geändert, sodass nun keine Verwechslungsgefahr mit einer Weinrebe mehr besteht. Schließlich soll damit nicht etwa auf die Trinkfestigkeit des Pontifex hingedeutet werden, sondern die Narde steht für den hl. Josef.

„Liebe Brüder, los!“

Beim Treffen mit den Kardinälen am Morgen des 15. März schlägt Franziskus einen ungewohnten Ton an. Herzlich begrüßt er sie nicht als „Herren Kardinäle“, sondern als „Brüder Kardinäle“. Mit den Worten „Cari fratelli, forza!“ (deutsch: „Liebe Brüder, los!“) ruft er das Kardinalskollegium im Apostolischen Palast dazu auf, das Christentum mit vereinten Kräften zu verkünden. Über das Konklave und die Diskussionen davor sagt er: „Von großem Verantwortungssinn beseelt und von tiefer Liebe für Christus und die Kirche getragen, haben wir zusammen gebetet und brüderlich unsere Empfindungen, unsere Erfahrungen und Überlegungen untereinander ausgetauscht. In diesem Klima großer Herzlichkeit sind so die Kenntnis voneinander und die gegenseitige Offenheit gewachsen; und das ist gut, da wir Brüder sind."

Ein Papst zum Anfassen

Am Sonntag nach seiner Wahl, dem 17. März 2013, feiert Papst Franziskus seine erste öffentliche Messe in der Pfarrkirche St. Anna, die direkt am gleichnamigen Einganstor zum Vatikan liegt. Danach sind die Gottesdienstbesucher nicht wenig überrascht, als ihr Oberhirte durch den Mittelgang nach draußen eilt und am Ausgang jeden einzeln mit Handschlag verabschiedet, Kinder nach ihrem Namen fragt, einzelne Menschen küsst und ermutigt. Berührungsängste kennt dieser Papst offensichtlich nicht. Er wirkt wie ein einfacher Gemeindepfarrer und verhält sich ganz so, wie er es von zuhause in Buenos Aires gewohnt ist. Dass er auf spezielle Prunkgewänder verzichtet, wundert an diesem Tag bereits keinen mehr. Die Menschen sind begeistert; die Sicherheitsleute nicht ganz so sehr: Sie ahnen, dass dieser Papst sie noch vor Herausforderungen stellen wird. „Dieser südamerikanische Papst, der alle Menschen umarmt, ist doch ein Kulturschock für uns Europäer", sagt schmunzelnd Thomas Frauenlob, ein Mitarbeiter der vatikanischen Bildungskongregation.

Nomen est omen

Bei seiner Ansprache während der ersten Audienz für die Medienvertreter am Samstag nach der Papstwahl erzählte Franziskus, wie er zu seinem Papstnamen gekommen war: „Manche wussten nicht, warum der Bischof von Rom sich Franziskus nennen wollte. Einige dachten an Franz Xaver, an Franz von Sales und auch an Franz von Assisi. Ich erzähle Ihnen eine Geschichte. Bei der Wahl saß neben mir der emeritierte Erzbischof von São Paolo und frühere Präfekt der Kongregation für den Klerus, Kardinal Claudio Hummes – ein großer Freund! Als die Sache sich etwas zuspitzte, hat er mich bestärkt. Und als die Stimmen zwei Drittel erreichten, erscholl der übliche Applaus, da der Papst gewählt war. Und er umarmte, küsste mich und sagte mir: ‚Vergiss die Armen nicht!' Und da setzte sich dieses Wort in mir fest: die Armen, die Armen. Dann sofort habe ich in Bezug auf die Armen an Franz von Assisi gedacht. Dann habe ich an die Kriege gedacht, während die Auszählung voranschritt bis zu allen Stimmen. Und Franziskus ist der Mann des Friedens. So ist mir der Name ins Herz gedrungen: Franz von Assisi. Er ist für mich der Mann der Armut, der Mann des Friedens, der Mann, der die Schöpfung liebt und bewahrt." Pater Bernd Hagenkord, der Leiter der deutschsprachigen Redaktion von Radio Vatikan, bezeichnet die Namenswahl als „steile Nummer": „Allein, dass er der erste Papst seit Jahrhunderten ist, der sich einen neuen Namen nimmt, ist bezeichnend. Und dann wagt er sich auch noch an Franz von Assisi, den – ich sag das mal ganz vorsichtig – Super-Heiligen. Der Name ist Programm. Franz von Assisi steht für den Kampf gegen Armut, für Bescheidenheit, er war auch unbequem und nicht angepasst. Ein mutiger Name. Bravo! Hut ab!"

Hadrian oder Clemens?

Für Heiterkeit unter den Medienvertretern bei der Audienz sorgen weitere Anekdoten, die Franziskus über seine Namenswahl zum Besten gibt: „Einige haben dann verschiedene scherzhafte Bemerkungen gemacht. ‚Aber du müsstest dich Hadrian nennen, denn Hadrian VI. war der Reformer; es braucht Reformen ...‘ Ein anderer sagte mir: ‚Nein, nein, dein Name müsste Clemens sein.‘ ‚Aber warum?‘ ‚Clemens XV.: So rächst du dich an Clemens XIV., der den Jesuitenorden aufgehoben hat.‘ Es sind Scherze ...“

Eine gewisse Spontaneität

Die Abläufe im Vatikan sind in der Regel sehr genau durchgeplant. Was hier geschieht, wird schließlich in aller Welt genau verfolgt und hat Auswirkungen auf die Weltkirche. So auch die Amtseinführung des neuen Papstes, zu der Delegationen aus 132 Ländern und Einrichtungen angereist sind. Allerdings muss man bei Franziskus zu jeder Gelegenheit mit Überraschungen rechnen. So wird der Beginn seiner Amtseinführung, die im Vorfeld generalstabsmäßig durchgeplant war, noch einmal nach vorn verschoben. Der Grund: Vor der Messe will Franziskus gern im Papamobil „eine lange Fahrt auf dem Petersplatz unternehmen“, wie Vatikansprecher Federico Lombardi verlauten lässt. Für alle Fälle warnt er am Abend vor der Amtseinführung schon einmal vor: „Der Papst liebt eine gewisse Spontaneität.“

Bleibt zuhause!

Für nicht wenige Südamerikaner ist die Wahl ihres Kardinals Bergoglio zum Papst Grund zu so überschwänglicher Freude, dass sie sogar nach Rom reisen wollen, um bei seiner Amtseinführung dabei zu sein. Das ist Franziskus allerdings gar nicht recht. Wie bereits 2002, als anlässlich seiner Amtseinführung bei der Kardinalsernennung in Rom in Argentinien Geld für reisewillige Gläubige gesammelt wurde, so ruft er auch diesmal seine Landsleute auf, das Geld doch lieber für wohltätige Zwecke zu verwenden und auf die weite Reise nach Rom zu verzichten.

Eine Nummer kleiner, bitte!

Als Papst Franziskus die päpstliche Wohnung im Apostolischen Palast in Augenschein nimmt, erscheint sie ihm sofort „viel zu groß“, wie er einem befreundeten argentinischen Priester in einem Brief mitteilt. „Hier haben ja 300 Menschen Platz“, ruft er laut der italienischen Zeitung „La Stampa“ spontan aus – und beschließt kurzerhand, im vatikanischen Gästehaus Santa Marta zu leben. Dort bewohnt er nun im zweiten Stock die Suite 201.

Das Domus Santa Marta beherbergt wechselnde Gäste: Bischöfe, Priester und Laien. „Dort sehen mich die Leute und ich führe ein ganz normales Leben“, schreibt Franziskus an den Freund in Argentinien. Tatsächlich isst er gemeinsam mit allen anderen im allgemeinen Speisesaal, benutzt zum Leidwesen der Security-Mitarbeiter wie alle den Fahrstuhl, feiert morgens in der Hauskapelle des Gästehauses die öffentliche Messe ... „Wenn ich mich in meinem Alter verändern würde, wäre ich lächerlich“, meint der Papst.

Mit dieser Haltung sorgt er allerdings auch für Irritation. Vatikansprecher Federico Lombardi hofft wohl, dass es sich der Pontifex noch einmal anders überlegt. Er lässt verlauten, der Papst befinde sich „in einer Phase der Eingewöhnung und des Experimentierens“. Ob nun aus der Orientierungsphase eine langfristige Lösung wird oder nicht – solange sie anhält, freut sich Franziskus, dass er mit den anderen Gästen des Hauses ungezwungen reden und sich austauschen kann. „Jesus hat kein Zuhause, denn sein Zuhause sind die Menschen“, sagt er passend bei einer Generalaudienz.

Heiliger Sohn

Wo immer er kann, versucht Franziskus zu verhindern, dass viel Aufhebens von seiner Person gemacht wird oder dass Menschen, die ihm begegnen, einen zu ehrfürchtigen Ton anschlagen. Als Bekannte von früher in den ersten Tagen nach seiner Wahl bei Telefonaten besorgt fragen, wie sie ihn denn zukünftig anreden sollen, antwortet er meist, er sei für sie weiter Pater Bergoglio oder Pater Jorge. Schon als Kardinal bevorzugte er die schlichte Anrede „Monsignore“ statt des pompösen Kardinalstitels „Eminenz“. Als nun im Speisesaal des vatikanischen Gästehauses der philippinische Kardinal Luis Tagle zu Papst Franziskus an den Tisch tritt und fragt: „Heiliger Vater, darf ich mich zu Ihnen setzen?“, da sitzt dem „Heiligen Vater“ wohl der Schalk im Nacken. Er antwortet: „Aber bitte doch, Heiliger Sohn.“ Luis Tagle, der mit 55 Jahren der zweitjüngste Teilnehmer am Konklave war, wirkt tatsächlich noch deutlich jünger, sodass er und Bergoglio vor dem Konklave darüber gescherzt hatten, dass man ihn für einen Seminaristen halten könne. Tagle gehört zu denen, die Bergoglio ihre Stimme gegeben haben. Er ist begeistert: „Franziskus hat das Herz eines Hirten."

Ein Stuhl zum Ausruhen

Die Schweizergarde ist als kleinste Armee der Welt bekannt. Ihre Aufgabe ist im Grunde ganz klar: den Papst beschützen. Einfach ist sie deswegen nicht. Besonders wenn der Papst eine eingespielte Routine nach der anderen über Bord wirft. Die Schweizergardisten bewachen sämtliche Eingänge zum Vatikan und insbesondere zum Apostolischen Palast, wo bis vor wenigen Monaten noch der Papst wohnte. Inzwischen gilt ihr besonderes Augenmerk natürlich auch dem Gästehaus, in dem Franziskus wohnt.

Glücklicherweise stoßen die jungen Schweizer bei Franziskus auf viel Verständnis für die Schwierigkeiten, die er ihnen bereitet: Einem Schweizergardisten, der vor seiner Tür im Gästehaus Wache steht, bringt er beispielsweise einen Stuhl zum

Ausruhen. Anderen Gardisten, so heißt es, habe er Kaffee und belegte Brote gebracht. Der Kommandant der Schweizergarde bestätigt diese Geschichten, die da kursieren, nicht. Möglicherweise sind sie ihm ein wenig unangenehm. Schließlich soll die Schweizergarde ihren Dienst möglichst diskret und unauffällig tun.

Messe mit Gärtnern und Müllabfuhr

Wenn Franziskus die morgendliche Messe in der etwas kargen Hauskapelle des Gästehauses Santa Marta zelebriert, dann konzelebrieren mit ihm die Prälaten und Priester, die jeweils gerade anwesend sind. Nach der Papstwahl waren auch Arbeiter aus den Vatikanischen Gärten und Mitarbeiter von der Müllabfuhr des Petersplatzes eingeladen, am Gottesdienst teilzunehmen.

Einer, der es selbst miterlebt hat, ist P. Bernd Hagenkord. Die Messe, so berichtet er, „ist ganz schlicht gehalten, und der Papst predigt immer frei". Beeindruckend findet er die Einfachheit und Direktheit des Papstes und „dass das für ihn eine Messfeier ist und kein Auftritt". Nach und nach begegnet so Franziskus immer mehr den etwa 4000

Mitarbeitern des Vatikans persönlich. Ein „Gemeinschaftsgeist“ wird da geschaffen, sagt Pater Hagenkord. „Und es ist auch wunderbar, dass das um den Altar herum geschieht und nicht in einer Audienz! Das ist, glaube ich, tatsächlich eine Erfindung von Papst Franziskus, das so zu machen. Ich persönlich finde das wunderschön und fühle mich ein wenig auch in meiner Arbeit hier bei Radio Vatikan bestärkt.“

Unangemeldeter Besuch

Franziskus bevorzugt den persönlichen und direkten Kontakt. Gern greift er selbst zum Telefonhörer, wenn er etwas klären will. Da ist der ein oder andere Gesprächspartner erst einmal überrumpelt, wenn sich am anderen Ende der Leitung plötzlich der Papst meldet.

So ergeht es etwa dem Pförtner der Ordenszentrale der Jesuiten, dem es völlig die Sprache verschlägt, als Papst Franziskus persönlich anruft, weil er den Generaloberen der Jesuiten, Pater Adolfo Nicólas, sprechen will. Um den Pförtner zu beruhigen, fragt Franziskus, ob es ihm an diesem Morgen gut gehe. Als der Pförtner daraufhin zugibt, dass ihn die Situation etwas aus der Fassung gebracht habe,

meint Franziskus, das könne er gut verstehen, und wartet geduldig, bis sich sein Gesprächspartner wieder beruhigt hat.
Ähnlich überrascht ist der Kioskbesitzer Luis Del Regno in Buenos Aires, den Franziskus kurz nach seiner Wahl anruft, um sein Zeitungsabonnement abzubestellen. Der Sohn der Familie, der den Hörer abnimmt, glaubt zuerst, jemand wolle sich mit ihm einen Scherz erlauben, als er mit den Worten begrüßt wird: „Hallo, hier ist Kardinal Jorge."
Im Vatikan, wo die Wege sehr kurz sind, wird es wohl nicht immer bei Telefonaten bleiben. Thomas Frauenlob von der vatikanischen Bildungskongregation meint dazu mit einem Augenzwinkern, alle Kurienmitarbeiter sollten jetzt ihre Büros in Ordnung bringen, „denn jederzeit kann der Papst an die Tür klopfen. Davor ist keiner mehr gefeit."

„Grüß Gott"

Wie viel Deutsch spricht der Papst? Immerhin war er 1985/1986 für einige Monate in Deutschland zu einem Studienaufenthalt, weil er über Romano Guardini promovieren wollte. Die ersten Worte, die Franziskus als Papst auf Deutsch sagt, sind ein Zitat aus einem Gedicht von Friedrich

Hölderlin: „Es ist ruhig, das Alter, und fromm." Er zitiert diese Worte zwei Tage nach der Wahl bei einer Audienz für die Kardinäle, die, wie er bemerkt, zum großen Teil „im fortgeschrittenen Alter" sind. Mit Hölderlin will er ihnen sagen: Jetzt ist die Zeit, Lebenserfahrung und Weisheit an die jüngere Generation weiterzugeben. Mit einem fröhlichen und fast akzentfreien „Grüß Gott" begrüßt er auch den Bild-Reporter Albert Link, einen der für Audienzen zugelassenen Vatikan-Korrespondenten.

Gipfeltreffen der Päpste

„Treffen sich zwei Päpste." – Dieser beliebte Kurzwitz, der mit nur vier Worten aus- kommt, hat seit dem 23. März 2013 seine Pointe verloren. Inzwischen ist es nämlich tatsächlich möglich, dass ein Papst seinen Vorgänger trifft. Benedikt XVI. ist offiziell „Papa emeritus", emeritierter Papst.

In Castel Gandolfo, wohin er sich nach seinem Rücktritt zunächst zurückgezogen hatte, empfängt er an diesem denkwürdigen Tag seinen Nachfolger. Benedikt XVI. erwartet Franziskus am Hubschrauberlandeplatz. Das private Treffen beginnt mit einer herzlichen Umarmung. Danach reden die beiden in Weiß gekleideten Päpste eine Dreiviertel-

stunde in der Bibliothek unter vier Augen, essen zusammen Mittag und gehen in die Kapelle zum gemeinsamen Gebet.
Auch wenn sich manch einer zuvor über Protokollfragen den Kopf zerbrochen hat, verläuft die historische Begegnung völlig entspannt und freundlich. Mit entwaffnender Herzlichkeit sagt Franziskus: „Wir sind Brüder." Kurz darauf unterstreicht er diesen Satz mit einer bemerkenswerten Geste: In der Kapelle der Papstresidenz war für Franziskus die päpstliche Kniebank vor dem Altar aufgebaut. Er ignoriert sie kurzerhand, geht an ihr vorbei und kniet sich neben Benedikt XVI. in eine Bank im Kirchenschiff.

FRISCHER WIND IM VATIKAN

„Er gefällt mir sehr. Ich bin nicht katholisch, aber ich finde es schön und mutig, dass er einen Namen ausgewählt hat, der Bescheidenheit ausdrückt."

Patti Smith, Punk- und Rockmusikerin

„Franziskus hat tatsächlich das Talent, die menschlichen Dimensionen seines Amtes klarzumachen: das Dienende, nicht das Prunkvolle und Imposante. Er besitzt die persönliche Stärke, für eine menschliche Atmosphäre zu sorgen."

Nikolaus Schneider,
Vorsitzender des Rates der Evangelischen Kirche in Deutschland

„Franziskus ist ein wahrhaftiges Geschenk Gottes an seine geplagte und geknickte Kirche."

Andrea Bocelli, Sänger

„Ich denke, wir werden mit Papst Franziskus noch gute und schöne Überraschungen erleben."

Kardinal Christoph Schönborn

Ein Premieren-Papst

Dass mit Papst Franziskus ein frischer Wind im Vatikan weht, deutet sich in gleich mehreren „Premieren“ an: Es ist das erste Mal in der 2 000-jährigen Geschichte des Papsttums, dass der Pontifex aus Lateinamerika kommt. Franziskus ist der erste Jesuit auf dem Stuhl Petri und der erste, der sich nach dem heiligen Franz von Assisi benennt. Gleich in den ersten Tagen seines Pontifikats setzt er Zeichen, die zeigen: Hier meint es einer ernst mit der „geistlichen Erneuerung“ der Kirche. Es sind die unkonventionellen Gesten, mit denen er charmant, aber selbstbewusst das Protokoll durchbricht: die schwarzen Schuhe etwa oder seine Weigerung, im Apostolischen Palast zu wohnen, wo traditionell der Papst residiert.

Ohne Manuskript

Auf der Internetseite des Heiligen Stuhls www.vatican.va sind eigentlich alle Texte des Papstes zu finden: Predigten, Ansprachen, Enzykliken, Generalaudienzen ... Bei Benedikt XVI., der kaum einmal von seinem Manuskript abwich und selbst beim freien Sprechen druckreif redete, konnte dieser Service problemlos bereitgestellt werden. Bei Franziskus gestaltet sich das schwieriger. Oft weicht er großzügig vom vorbereiteten Text ab oder hält seine Predigten völlig frei, so zum Beispiel bei den Morgengottesdiensten in der Kapelle des Gästehauses.

Immer wieder landen Anfragen aus aller Welt bei den Mitarbeitern im Vatikan, wieso denn die morgendlichen Predigten des Papstes nicht im Wortlaut veröffentlicht werden. Die Presse vermutet gar Widerstände innerhalb der Kurie: „Es sind kurze, aber eindringliche Predigten. In volkstümlicher Sprache. Alle aus dem Stegreif. ... Das vatikanische Betriebssystem unterstützt dieses neue Format päpstlich-lehramtlicher Äußerungen bis jetzt nicht“, schreibt etwa die Stuttgarter Zeitung. Vatikansprecher Lombardi begründet die fehlende Veröffentlichung damit, dass die Predigten dafür in Schriftform gebracht werden müssten, wobei die Originalität verloren ginge. An böse Absicht glaubt P. Bernd Hagenkord (Radio Vatikan) aber nicht. Die Predigten seien sehr auf den Moment und das jeweilige Publikum zugeschnitten, keine Gedanken für die „Ewigkeit“. Dennoch: Manche Zitate, die nach außen dringen, klingen so spannend, dass man gern einmal dabei sein würde ...

Ärger um Frauen-Fußwaschung

Sie gehört zu den großen Zeremonien in der Liturgie der Karwoche: die Fußwaschung am Gründonnerstag, bei der der Papst zwölf Gläubigen die Füße wäscht – in Erinnerung an Jesus, der seinen Jüngern die Füße wusch. Traditionell sind dies zwölf Priester, und die Fußwaschung findet in der Lateranbasilika statt. Diesmal jedoch ist einiges anders. Wie er es bereits in Buenos Aires praktiziert hat, begibt sich Franziskus zur rituellen Fußwaschung an die Ränder der Gesellschaft. Im Jugendgefängnis Casa del Marmo feiert er mit den Häftlingen die Messe und wäscht ihnen die Füße. Darunter sind auch junge Frauen und Muslime – ein Umstand, der sofort konservative Kritiker auf den Plan ruft. „Er setzt ein fragwürdiges Beispiel", meint Edward Peters, ein Berater des Vatikans in Sachen Kirchenrecht. Ein konservativer britischer Kommentator sieht darin gar Anlass für die Befürchtung, Franziskus könne demnächst auch Frauen in den Priesterstand erheben. Vatikansprecher Lombardi verteidigt Franziskus gegen die Kritik: Die Fußwaschung sei kein Sakrament, sondern ein Ritus, für den keine starren Gesetze gelten. Die Predigt für die etwa 50 Häftlinge hält Franziskus spontan und ermutigt die Jugendlichen zum Abschied: „Lasst euch die Hoffnung nicht rauben, kapiert? Mit Hoffnung geht es immer weiter."

Deutliche Botschaften

Zur ersten Osterbotschaft von Papst Franziskus strömen Hunderttausende Menschen auf den Petersplatz. Anders als seine Vorgänger verzichtet Franziskus darauf, seine Ostergrüße in über 60 Sprachen vorzutragen, und beschränkt sich auf das italienische „Buona Pasqua“, „Frohe Ostern“. Seine Botschaft ist allerdings deutlich zu vernehmen. In ihrer Osterbotschaft rufen Päpste traditionell zu mehr Frieden und Versöhnung in der Welt auf. Selten wird dieser Aufruf aber so konkret wie bei Franziskus. Er spricht den Konflikt zwischen Israelis und Palästinensern an, „der schon viel zu lange andauert“, und bittet für Frieden in Krisenherden wie dem Irak, Syrien, Mali und Korea. Auch auf gesellschaftliche Missstände wie Profitgier, Gewalt, Drogenhandel und Umweltzerstörung geht Franziskus ein und fordert die Menschen auf, zu Hütern der Schöpfung zu werden. Das sind verständliche Worte und konkrete Botschaften. „Papst Franziskus kommt in seiner Predigt immer schnell auf den Punkt“, stellt der Chefredakteur der Jesuitenzeitung „Civilta Cattolica“, Pater Antonio Spadaro, fest.

Ein Herz für Ökumene

Der erste deutsche Gast, den Papst Franziskus empfängt, ist nicht etwa Kardinal oder katholischer Bischof, sondern der EKD-Ratsvorsitzende Nikolaus Schneider. Am 8. April treffen sie sich zu einem etwa halbstündigen Gespräch. Der Termin war ursprünglich mit Benedikt XVI. vereinbart worden, doch Franziskus hatte ihn übernommen. „Das Schönste am Besuch bei dem neuen Papst war für mich seine Emotionalität", resümiert Schneider später. „Man merkte, da sucht einer die Nähe zum anderen Menschen. Dass er mich auf Deutsch begrüßte, hat mich sehr bewegt."

Franziskus berichtet, er habe während seines Studiums auch die Schriften des evangelischen Theologen Dietrich Bonhoeffer gelesen, der ihn für sein eigenes Gebet und seinen Glauben inspiriert habe. Nikolaus Schneider empfindet seinen Gastgeber als „sehr entgegenkommend" und blickt zuversichtlich auf die Zukunft der Ökumene. Auch Kardinal Kurt Koch, der als Übersetzer an dem Treffen teilnimmt und im Vatikan für die Ökumene zuständig ist, ist nach der Begegnung überzeugt, es werde unter Papst Franziskus „konkrete Schritte in der Ökumene" geben.

Frischer Konzilswind

Seit Franziskus Papst ist, fegt der Geist des Aufbruchs wie ein frischer Wind durch die Kirche. Seine Dynamik ist ansteckend. Wenige Monate zuvor hatte man ein besonderes Jubiläum gefeiert: Vor fünfzig Jahren war das Zweite Vatikanische Konzil eröffnet worden. Auch damals, so berichten Anekdoten, habe Johannes XXIII. die Fenster aufgestoßen und „frischen Wind" gefordert. Nun äußert Franziskus Kritik an der Umsetzung des II. Vatikanums. Bei einer Morgenmesse im vatikanischen Gästehaus findet er deutliche Worte: „Um es klar zu sagen: Der Heilige Geist ist für uns eine Belästigung. Er bewegt uns, er lässt uns unterwegs sein, er drängt die Kirche weiterzugehen. Aber wir sind wie Petrus bei der Verklärung ... Wir wollen, dass der Heilige Geist sich beruhigt, wir wollen ihn zähmen. Aber das geht nicht. Denn er ist Gott und ist wie der Wind, der weht, wo er will. Er ist die Kraft Gottes, der uns Trost gibt und auch die Kraft vorwärtszugehen. Es ist dieses ‚Vorwärtsgehen', das für uns so anstrengend ist. Die Bequemlichkeit gefällt uns viel besser."

Mit Blick auf das Konzilsjubiläum sagt er: „Wir feiern dieses Jubiläum, und es scheint, dass wir dem Konzil ein Denkmal bauen, aber eines, das nicht unbequem ist, das uns nicht stört. Wir wollen uns nicht verändern, und es gibt sogar auch Stimmen, die gar nicht vorwärts wollen, sondern zurück." Auch bei einem Treffen mit lateinamerikanischen Ordensleuten klagt er über Traditionalisten, denen er begegnet war: „Man fühlt sich wie 60 Jahre zurückversetzt, vor das Konzil!"

Vorbild: Johannes XXIII.

Dass sich manch einer durch Franziskus' Auftreten und Ausstrahlung an Johannes XXIII. erinnert fühlt, kommt nicht ganz von ungefähr. Der Konzilspapst scheint tatsächlich ein Vorbild für Bergoglio zu sein. „Als Patriarch von Venedig ging er um elf Uhr herunter auf den Marktplatz, um dort ein Gläschen Wein zu trinken und ein paar Minuten mit den Leuten zu reden", sagt Bergoglio in einem Interview. „Er tat das genauso wie alle anderen Venezianer, und danach fuhr er in seiner Arbeit fort. Das ist für mich ein Hirte: jemand, der rausgeht, um die Leute zu treffen." Die Bescheidenheit und Volksnähe einerseits, der Mut und die Tatkraft für Veränderungen andererseits – dafür steht Franziskus in ähnlicher Weise wie Johannes XXIII.

Ohne Extrazahlung!

Regelungen, die sich in einer Organisation eingebürgert haben, werden von Betroffenen meist nicht mehr hinterfragt. „Das machen wir schon immer so", heißt es dann. Wer von außen neu hinzukommt, kann solche ungeschriebenen Gesetze erst einmal als Hilfe übernehmen. Oder sie kurzerhand abschaffen. Das erfordert einige Beherztheit, eine Eigenschaft, die Franziskus neben Tatkraft offensichtlich besitzt. Warum zum Beispiel sämtliche Vatikanangestellten nach der Wahl eines neuen Papstes eine Sonderzahlung erhalten sollen, ist für Uneingeweihte erst einmal nicht nachvollziehbar. 2005 hatten sich diese Sonderzahlungen auf eine Summe von ca. 6 Millionen Euro belaufen (1 500 Euro für jeden der etwa 4 000 Angestellten). Und auch für die monatlichen Boni von 2100 Euro, die die Mitglieder der leitenden Kardinalskommission der Vatikanbank erhalten, gibt es keine einleuchtenden Gründe. Im April schaffte Franziskus beide Regelungen ohne viel Aufhebens ab. Seither verdienen alle Kardinäle einheitlich 5 000 Euro monatlich.

Der Papst und die Bundeskanzlerin

Als Papst Franziskus am Samstag vor Pfingsten Angela Merkel zu einer Privataudienz empfängt, ist das ein Bruch mit den ungeschriebenen Gesetzen des Vatikans. Oder einfach eine nette Geste. Immerhin ist im September 2013 Bundestagswahl, und es ist unüblich, dass der Papst Politiker in den sechs Monaten vor einer Wahl empfängt. Für Angela Merkel macht Franziskus also eine Ausnahme. In dem 45-minütigen Treffen sprechen sie über Glaubensfragen, die Globalisierung und die Rolle Europas in der Welt, gerade mit Blick auf die Finanzkrise.

Sicher gefreut haben wird sich Franziskus über die Gastgeschenke aus Deutschland, die Angela Merkel mit dem Hinweis überreicht, sie sei sich nicht sicher, ob er dafür genug Zeit fände. Es sind die Werke seines Lieblingsdichters Friedrich Hölderlin in einer sehr schönen antiquarischen Ausgabe von 1905 und die Gesamtaufnahmen – immerhin 107 CDs – des Dirigenten Wilhelm Furtwängler. Schon als Erzbischof hatte Bergoglio in einem Interview eine Furtwängler-Aufnahme als seine Lieblingsmusik genannt. Er halte ihn für den „besten Dirigenten einiger Symphonien [Beethovens] und einiger Werke von Wagner“.

Keine Langeweile!

So mancher offizielle Anlass kann – selbst wenn es gut gemeint ist – durch eine längere Rede höchst langweilig werden. Besonders wenn die Zuhörer Kinder sind. Dessen ist sich Papst Franziskus wohl bewusst, und als er Anfang Juni 2013 8000 Schülerinnen und Schülern von Jesuitenschulen zu sich einlädt, können diese feststellen: Ein Langweiler ist Franziskus auf jeden Fall nicht. „Ich habe hier einen Text vorbereitet, aber das sind fünf Seiten. Etwas langweilig", beginnt der Papst seine Ansprache und legt die vorbereitete Rede über die Spiritualität der Jesuiten kurz entschlossen zur Seite. Er werde sie dem Jesuitenprovinzial mitgeben, sodass sie die Schüler dann lesen könnten. Dann fordert er die Kinder auf, ihm einfach Fragen zu stellen.

Was folgt, ist eine wunderbar spontane Veranstaltung. Weder die Fragen noch die Antworten sind vorbereitet, und die Kinder fragen einfach, was ihnen gerade einfällt: ob er Papst habe werden wollen (nein, wollte er nicht) und ob er noch Kontakt zu alten Freunden habe (oh ja, ohne Freunde zu leben, sei einfach unmöglich!). Die Stimmung in der Audienzhalle hätte besser nicht sein können.

Enzyklika vierhändig

Im vierhändigen Klavierspiel hat Benedikt XVI., der auch als Papst gern ein paar Mußestunden am Piano verbrachte, Übung. Wie man vierhändig eine Enzyklika verfasst, das haben er und Franziskus im Juli 2013 vorgemacht. „Lumen Fidei" (Licht des Glaubens) heißt das Werk, das – ein Novum in der Kirchengeschichte – von gleich zwei Päpsten verfasst wurde. Benedikt XVI. hatte das Lehrschreiben im Sommer 2012 begonnen, aber während seiner Amtszeit nicht mehr fertigstellen können. Franziskus gibt zu, dass der Großteil des Textes von seinem Vorgänger stammt, der die erste Fassung der Enzyklika „schon nahezu fertiggestellt" hatte. „Zutiefst dankbar" ist Franziskus dafür und meint: „In der Brüderlichkeit in Christus übernehme ich seine wertvolle Arbeit und ergänze den Text durch einige weitere Beiträge."

Welche Teile von welchem Autor stammen, ist an einigen Stellen gut zu erkennen. Viele Formulierungen und Gedanken rufen den großen Theologen Benedikt XVI. in Erinnerung, und auch die wiederkehrenden Themen seines Pontifikats wie etwa das Verhältnis von Glaube und Vernunft tauchen hier auf. Da wo es um die Gemeinschaft stiftende Kraft des Glaubens und um soziale Gerechtigkeit geht, scheint eher Franziskus die Finger im Spiel gehabt zu haben.

Als „Regierungsprogramm“ von Franziskus, so die Meinung von Vatikankennern, ist das Werk aber nicht zu werten. P. Bernd Hagenkord, der Leiter der deutschsprachigen Redaktion von Radio Vatikan, gibt zu bedenken, dass geschriebene Texte nicht die Ausdrucksform sind, in der sich Franziskus am meisten zu Hause fühlt, sondern dass er selbst eine Art lebende Enzyklika ist: „Man darf diese Enzyklika nicht hypen. Franziskus ist eine Enzyklika auf zwei Beinen.“

Unter dem Flügel des Erzengels

Während am Vormittag des 5. Juli 2013 der Präfekt der Bischofskongregation, Kardinal Marc Quellet, der Präfekt der Glaubenskongregation, Erzbischof Gerhard Ludwig Müller, und Vatikansprecher Federico Lombardi in einer Pressekonferenz die gemeinsame Enzyklika des amtierenden und des emeritierten Papstes vorstellen – und mit dieser Nachricht nicht wenig Staunen auslösen –, sitzen die beiden päpstlichen Autoren brüderlich vereint bei strahlendem Sonnenschein in den Vatikanischen Gärten. Der Anlass: die Einweihung eines neuen Denkmals.

Beinahe absurd muten nun die Spekulationen vor

dem Konklave an, ob die Anwesenheit des früheren Papstes den „Neuen“ in irgendeiner Weise behindern oder ihm unangenehm sein könnte. Sogar Benedikt selbst hatte sich beeilt zu erklären, dass er die Zeit seines Ruhestandes in völliger Zurückgezogenheit verbringen wolle. Franziskus stört sich jedoch in keiner Weise an der Anwesenheit seines Vorgängers, vielmehr scheint er sogar froh darüber zu sein. Er hatte Benedikt persönlich zur Einweihung des Denkmals eingeladen und begrüßt ihn zu Beginn besonders herzlich mit einer langen Umarmung. Während der Zeremonie sitzen sie Seite an Seite nebeneinander.

Die große Bronzestatue zeigt den Erzengel Michael; ihm und dem hl. Josef wird der gesamte Vatikanstaat geweiht. Fast wie ein Schutzengel wirkt der Erzengel mit seinen mächtigen Flügeln. Er ist, wie Franziskus sagt, ein Kämpfer für die Gerechtigkeit Gottes, der uns mit seinen Flügeln über Schwierigkeiten hinwegheben soll.

Gottesdienst auf der Flüchtlingsinsel

Die erste Reise außerhalb der Grenzen Roms führt Franziskus nicht etwa an einen Wallfahrtsort, sondern in ein Randgebiet menschlicher Existenz, auf die Flüchtlingsinsel Lampedusa. Die Insel zwischen Tunesien und Sizilien ist seit den 1990er-Jahren das Ziel Tausender Flüchtlinge aus Afrika, die ihr Leben aufs Spiel setzen, um nach Europa zu kommen. Oft sind sie mit kaum seetauglichen Booten unterwegs, allein auf sich und ihre unzureichenden Navigationskenntnisse gestellt, und regelmäßig kommt es zu Schiffsunglücken mit Todesopfern. 19 000 Menschen sollen bisher so ihr Leben gelassen haben. In Lampedusa warten zwei Auffanglager auf die illegalen Flüchtlinge. Sie sind hoffnungslos überfüllt; immer wieder eskaliert die Situation in Protesten gegen die haftähnlichen Bedingungen. Europa schaut weg, so scheint es. Gegen diese Gleichgültigkeit setzt Franziskus ein Zeichen. Gemeinsam mit Einheimischen und Flüchtlingen feiert er am Hafen eine Messe und wirft vom Boot aus einen Kranz ins Meer – zum Gedenken an die Flüchtlinge, die ihr Leben auf See verloren haben. Symbolhaft ist auch, dass Franziskus in einem violetten Gewand zelebriert, der Farbe der Buße. Eine Beteiligung hochrangiger

Politiker hatte sich Franziskus im Vorfeld verbeten und beispielsweise auch die Mitreiseanfrage des italienischen Innenministers Angelino Alfano abgelehnt. Er ist gekommen, „um eine Geste der Nähe zu setzen, aber auch um unsere Gewissen wachzurütteln“, nicht aber um Politikern beim Aufpolieren ihres Images zu helfen.

Ein Stich ins Wespennest

Bei allem Respekt vor den Worten des Heiligen Vaters“, das geht zu weit! Die Meinung der Vorsitzenden der rechtspopulistischen Partei Lega Nord, Gianna Gancia, zum Papstbesuch auf Lampedusa steht fest: Er hat kurz gesagt keine Ahnung von Einwanderungspolitik.

Es ist nur eine Stimme unter den verschiedenen Meinungen, die aus allen politischen Lagern Italiens nach dem Besuch der Flüchtlingsinsel laut werden. Wie ein Stich ins Wespennest hat die erste Reise des Papstes gewirkt. Vielen erscheint sie – sicher zu Recht – als ein Seitenhieb auf die italienische Flüchtlingspolitik. Kritisch äußert sich auch der Fraktionsvorsitzende von Silvio Berlusconis Partei PDL, Fabrizio Cicchitto: „Die religiöse Predigt ist eine Sache, eine andere jedoch der staatliche Umgang mit einem so schwierigen, komple-

xen und tückischen Phänomen wie der illegalen Einwanderung", weist er das Kirchenoberhaupt zurecht.
Unterstützung erhält der Papst aus dem linken politischen Spektrum. Marco Furfaro, der migrationspolitische Sprecher der SEL („Linke Ökologie Freiheit"), lobt den Besuch als „großes Ereignis": „Der Papst hat das getan, was die Politik sich viele Jahre zu tun geschämt hat; er hat die, die vor unserer Tür auftauchen, umarmt und willkommen geheißen."

Twitter-Rekord

Der Twitter-Account @Pontifex wurde bereits zur Amtszeit von Benedikt XVI. eingerichtet, getwittert hat der Ratzinger-Papst aber nur sehr selten. Die Kurznachrichten sind seit Franzsikus' Amtsantritt häufiger geworden. Alle paar Tage können seine „Follower" nun Botschaften wie diese lesen: „Christ sein heißt nicht bloß die Gebote befolgen, sondern zulassen, dass der Herr von unserem Leben Besitz ergreift und es verwandelt." Manche der kurzen „Tweets" lesen sich beinahe wie Lebenshilfe-Ratschläge: „Ärgern wir uns über jemanden? Beten wir für ihn. Das ist christliche

Liebe.“ In den ersten drei Monaten seines Pontifikats entwickelt sich der Papst zum religiösen Oberhaupt mit den meisten Followern. Mit etwa 7,3 Millionen Twitter-Nutzern, die seine Botschaften abonniert haben, hat er den Dalai Lama damit vom ersten Platz verdrängt – obwohl der Dalai Lama schon seit 2010 twittert. Deutlich mehr Follower bei Twitter haben aber Popstars wie Lady Gaga. Die meisten Follower hat Franziskus im spanischsprachigen Raum. Man kann seine Kurznachrichten aber auch in acht anderen Sprachen, darunter auf Deutsch oder Latein, lesen.

Schluss mit Geldwäsche

Sie scheint ein tiefer Sumpf zu sein, der sich nur schwer trockenlegen lässt: die als Vatikanbank bekannte Institution IOR. Schon seit den 1970er-Jahren, verstärkt aber seit 2009 gerät sie immer wieder in die Schlagzeilen: Geldwäsche im Dienst der Mafia, Schmiergeldaffären, Korruption und Schmuggel lauten die Vorwürfe. Lange Zeit wurden Details vertuscht. Erste Reformen für mehr Transparenz hatte 2011 bereits Benedikt XVI. begonnen. Franziskus forciert den Reformprozess; Ende Juli setzt er eine Kommission ein, die Informationen über das IOR sammeln, dazu auch vertrauliche Unterlagen einsehen und Vorschläge für eine Reform des IOR erarbeiten soll. Franziskus holt sich dabei professionelle Hilfe von außen. Neben ranghohen Kurienmitarbeitern gehört auch die Juristin und Harvard-Professorin Mary Ann Glendon zur Kontrollkommission.

Selbst die Möglichkeit, die Vatikanbank ganz aufzulösen, schließt er nicht aus. Während einer Morgenmesse, bei der auch Mitglieder des IOR anwesen sind, sagt er: „Paulus hatte kein Bankkonto", und „die Behörden sind erforderlich ... Jedoch nur bis zu einem gewissen Punkt. Wenn die Organisation die erste Stelle einnimmt, geht die Liebe unter, und die Kirche wird eine Nichtregierungsorganisation." Wenn das IOR weiter bestehe, sei ihm wichtig, dass es mit dem Auftrag des Apostolischen Stuhls „harmonisiere".

Die Direktoren gehen

Der Papst, den viele als zurückhaltend und beinahe schüchtern erleben, kann offenbar auch durchgreifen. Menschen, die ihn von früher her kennen, überrascht das nicht. Sie berichten: Bergoglio ist ein Stratege, der sich durchsetzen kann, wenn er will. Der Kirche scheint das gutzutun, wie sich beispielsweise bei der Reform der Vatikanbank zeigt. „Franziskus räumt auf", schreibt das Handelsblatt. Und tatsächlich gleicht das, was im Sommer 2013 geschieht, einem Erdrutsch. Nachdem Ende Juni der Rechnungsprüfer der vatikanischen Güterverwaltung APSA, Prälat Nunzio Scarano, verhaftet wurde – offenbar hatte er versucht, 20 Millionen Euro am Zoll vorbeizuschmuggeln –, treten am 1. Juli der Direktor der Vatikanbank, Paolo Cipriani, und sein Vizedirektor, Massimo Tulli, zurück. Hatten sie gebilligt, dass Scarano über die Konten der IOR dubiose Geldgeschäfte abwickelte? Aus dem Vatikan heißt es zunächst diplomatisch, Cipriani und Tulli hätten entschieden, ihr Rücktritt sei das Beste für den Vatikan. Offenbar lässt sich der Reformkurs mit den bisherigen Direktoren nicht durchführen.

Mann des Jahres

Anfang Juli kürt die italienische Ausgabe der Zeitschrift „Vanity Fair" Papst Franziskus vorfristig zum „Mann des Jahres". Auf der Titelseite, die sonst eher Popstars und Schauspieler zieren, prangt ein Foto des Papstes und der Titel „Papa

Coraggio", der mutige Papst. In den ersten 100 Tagen seines Amtes, heißt es zur Begründung, sei er durch klare Worte, Tatkraft und mutige, unkonventionelle Gesten aufgefallen. Auch Prominente wie der italienische Sänger Andrea Bocelli oder Popstar Elton John kommen zu Wort und äußern sich begeistert über Franziskus, den sie als „ein wahrhaftiges Geschenk Gottes" verstehen.

Wie der Papst, der bei öffentlichen Auftritten selbst wie ein Popstar bejubelt wird, mit dem Kult um seine Person umgeht? Auch wenn es zu seinem Amt „dazugehört", ist ihm der Rummel nicht ganz geheuer. An Pfingsten fordert er die Gläubigen, die auf dem Petersplatz in Sprechchören seinen Namen rufen, auf, stattdessen lieber den Namen des Herrn zu rufen: „Ab jetzt nicht mehr Franziskus, sondern Jesus. In Ordnung?" Und bei einer Generalaudienz mahnt er: „Niemand ist der Wichtigste in der Kirche ... Ich bin wie jeder von euch, wir sind alle gleich, wir sind Brüder!"

Gegen Kindesmissbrauch und Korruption

Sehr rasch erwirbt sich Franziskus in den ersten Monaten seines Pontifikats einen Ruf als Reformer, der auch heiße Eisen anpackt. Zum Beispiel den Kindesmissbrauch, eine der großen Baustellen der Kirche. Am 11. Juli gibt er ein Apostolisches Schreiben heraus, das zusammen mit drei Gesetzen eine große Strafrechtsreform im Vatikan einführt. Damit stärkt und modernisiert er das Strafrecht bei Kindesmissbrauch und Korruption. So werden etwa Verbrechen wie sexuelle Gewalt gegen Kinder, Kinderpornografie und Prostitution von Kindern präziser als Straftatbestände definiert. Auch an internationale Standards wird das Rechtswesen des Vatikans angepasst. So soll die internationale Zusammenarbeit im Kampf gegen Kriminalität gefördert werden.

„Ich entscheide selbst"

Ich entscheide selbst, wen ich sehe, nicht meine Sekretäre." – In einem Telefonat mit seinem ehemaligen Schüler und langjährigen Freund Jorge Milia erzählt Franziskus, wie viel Kraft es erfordert, sich gegen einige diensteifrige Herren im Vatikan durchzusetzen. Jede Änderung, die er einführe, koste ihn deshalb große Anstrengung. Seine Agenda will er sich nicht diktieren lassen, und ganz besonders graut es ihm vor der Vorstellung, als „Gefangener“ seiner Sekretäre zu enden. Möglicherweise erklärt dies den leeren Stuhl, der am 22. Juni bei einem Festkonzert in der vatikanischen Audienzhalle ins Auge sticht. Führende Kurienmitglieder füllen die Halle, doch ausgerechnet der wichtigste Gast fehlt: Franziskus lässt sich im letzten Augenblick entschuldigen. Er habe wichtige Dinge zu erledigen, lässt er etwas rätselhaft ausrichten.

Franziskus und „der Alte“

In seinem Telefonat mit Jorge Milia erzählt Franziskus auch von der Beziehung zu Benedikt XVI. Seine Worte sind dabei voller Dankbarkeit und Bewunderung. Es ist, als habe Franziskus in Benedikt einen ehemaligen Schulfreund wiedergefunden, berichtet Jorge Milia, einen, der ihm ein wenig voraus ist und den er bewundert. „Du kannst dir die Demut und die Weisheit dieses Mannes nicht vorstellen“, sagt Franziskus. „El viejo“, den „Alten“ nennt er Benedikt – für argentinische Ohren durchaus keine abwertende oder flapsige, sondern eher eine liebevolle Bezeichnung. „Heute war ich wieder beim Alten. Wir haben viel geredet. Für mich ist es eine Freude, Ideen mit ihm zu teilen." Als Milia ihm darauf rät: „Dann halte ihn nahe bei dir", entgegnet Franziskus, er wäre ja dumm, „auf den Rat einer solchen Person zu verzichten".

Weltjugendtag in Brasilien

Emotionaler Höhepunkt des Weltjugendtags ist die Vigilfeier am Abend vor der Abschlussmesse, zu der sich drei Millionen Menschen am Strand von Copacabana versammeln, mehr als zum Karneval. Das eigentlich dafür geplante „Feld des Glaubens" hat sich durch starken Regen in eine Schlammwüste verwandelt. Franziskus überspielt das Organisationschaos mit Leichtigkeit: „Will uns der Herr vielleicht sagen, dass das wahre Feld des Glaubens nicht ein geografischer Ort ist, sondern wir selbst?" Und dann verwendet er eine Sprache, die hier in Brasilien jeder versteht: die des Fußballs. Um Jesus zu folgen, also „in seiner Mannschaft zu spielen", muss man viel trainieren, beispielsweise das Gebet. Das lohne sich, denn „Jesus bietet uns etwas Größeres als den Weltcup!"

ZWISCHEN RIO UND ROM

„Franziskus hat bei allem, was er tut und sagt, Rückenwind. Seine Herzlichkeit ist echt und keine strategische Aktion."

Georg Gänswein

„Die Bewegungen dieses Papstes sind überraschend, sein Handeln scheint unvorhersehbar, er bricht mit Gewohntem. ... Er tritt in einen sehr offenen Dialog mit den Gläubigen und spricht sie direkt an, herzlich und unverstellt."

Martina Gedeck, Schauspielerin

„Papst Franziskus ist ein Geschenk Gottes für die Kirche dieser Zeit. Er will eine Kirche, die die Fenster und die Türen aufmacht. Schon nach kurzer Zeit hat er die Atmosphäre in der Kirche verändert, frische Luft hereingelassen."

Kardinal Walter Kasper

Verkehrschaos in Rio

Seine erste Auslandsreise führt Papst Franziskus beinahe in seine Heimat: nach Brasilien zum Weltjugendtag. Die Begeisterung für den Papst, der erst wenige Monate im Amt ist und schon viel von sich reden macht, ist groß. Für die Sicherheitskräfte wird es allerdings schwierig, denn Franziskus besteht darauf, ein „Papst zum Anfassen" zu sein. Er mag nicht auf Distanz zu den Menschen gehen. Als er vom Flughafen kommt, fährt er deshalb in einem ungepanzerten Kleinwagen, einem Fiat, Richtung Stadtzentrum. An einer Stelle ordnet sich der Fahrer falsch ein. Statt auf der extra für den Papst gesperrten linken Fahrspur landet der Fiat mitten im dichtesten Verkehr, bleibt immer wieder stecken und Hunderte Menschen bestürmen den Wagen. Es kommt zu tumultartigen Szenen, aber Franziskus bleibt gelassen. Er kurbelt sogar das Fenster herunter, um Hände zu schütteln. „Sein Sekretär hatte Angst, aber der Papst war glücklich", meint Vatikansprecher Federico Lombardi und gibt zu: „Das alles ist neu für uns."

Hadern mit der Sicherheit

Seit dem Attentat auf Johannes Paul II. im Jahr 1981 sind sämtliche Papamobile gepanzert. Auch der Glasaufbau – wenn er ihn denn will – schützt den Papst vor Schüssen. Franziskus will den Glaskasten nicht. „Ich habe mir das Papamobil angesehen, und es war verglast“, sagt er in einem Interview. „Niemand kann seine Freunde in einer Glaskiste besuchen.“

Irgendwie arrangiert man sich zwar: Franziskus fährt nach der heiklen Fiat-Tour im offenen Papamobil, und auf die Sicherheit wird stärker geachtet. Aber bei der Begegnung mit argentinischen Jugendlichen am 25. Juli 2013 sagt er: „Es tut mir leid, dass ihr so eingepfercht seid, aber ich sage euch etwas: Auch ich erlebe gelegentlich, wie schlimm es ist, eingesperrt zu sein. ... Mir hätte es gefallen, euch näher zu sein, aber ich verstehe, dass es aus Gründen der Sicherheit nicht möglich ist.“ Eine so deutliche Klage ist selten von ihm zu hören.

Am Ende des Weltjugendtages zieht er dann aber doch eine positive Bilanz: „Sicherheit hier, Sicherheit da ... es hat in diesen Tagen in ganz Rio de Janeiro keinen einzigen Zwischenfall gegeben, und alles war spontan. ... Es stimmt, immer besteht die Gefahr, dass da ein Verrückter ist, der irgendetwas tut; aber auch der Herr ist da! Doch einen

Raum der Panzerung zwischen dem Bischof und dem Volk zu schaffen, das ist ein Wahnsinn, und ich ziehe diese Verrücktheit vor: hinaus und die Gefahr der anderen Verrücktheit eingehen ... Die Nähe tut allen gut.“

Gott ist Brasilianer

Ein brasilianisches Sprichwort lautet: „Deus é Brasileiro“ („Gott ist Brasilianer“). Einerseits ein Indiz dafür, wie stolz die Brasilianer auf ihre Heimat sind. Andererseits aber auch ein selbstbewusster Hinweis darauf, dass Brasilien statistisch gesehen das größte katholische Land der Welt ist. Während des Pontifikats von Johannes Paul II., der sich selbst mehrmals als Brasilianer bezeichnete, wurde dieses Sprichwort etwas abgeändert: „Deus é Brasileiro – o Papa também“ („Gott ist Brasilianer – und der Papst auch“).

Als nun Franziskus in einem Interview mit dem brasilianischen Fernsehsender TV Globo nach der Rivalität zwischen Brasilien und Argentinien gefragt wird, reagiert er mit Humor: „Wir haben das gut verhandelt: Der Papst ist Argentinier, Gott ein Brasilianer.“

Verkündigung im Land des Fußballs

Brasilien ist das Land, das bisher die meisten WM-Titel holte und die meisten internationalen Starkicker hervorbrachte. Nirgends auf der Welt spielt der Fußball eine größere Rolle als hier. Kurz: Brasilien ist das Land des Fußballs. Franziskus, der selbst begeisterter Anhänger des Fußballspiels ist, schlägt hier überraschend sportliche Töne an. „Jesus bietet uns etwas Größeres als den Weltcup!“, ruft er den Jugendlichen bei der Vigilfeier zu und vergleicht das Leben mit einem Fußballspiel, bei dem Jesus uns bittet, in seiner Mannschaft zu spielen. Konsequenterweise gehört dazu auch das Training. Und was sollen die Jugendlichen trainieren, um „in Form zu bleiben“? – Das Beten, das Gespräch mit Jesus. Die Aufmerksamkeit seiner jungen Zuhörer ist Franziskus bei dieser Ansprache sicher!

Sympathie für Demonstranten

Schon Wochen vor dem Weltjugendtag kommt es in Brasilien zu Massenprotesten. Viele Menschen gehen auf die Straße und fordern Reformen.

Die zunächst friedlichen Proteste eskalieren, auch noch während des Weltjugendtags. Als Franziskus in dem Interview mit TV Globo nach diesen Protesten gefragt wird, bekundet er Sympathie. Zwar gibt er zu, die Hintergründe der Proteste nicht genau zu kennen, deswegen könne er nichts Konkretes dazu sagen, aber: „Ich mag keinen Jugendlichen, der nicht protestiert“. Es sei ganz normal und gut, dass Jugendliche mit dem Bestehenden nicht einverstanden sind, denn Jugendliche leben von Träumen und Utopien, und das bedeute, „zu atmen und nach vorn zu schauen“. Jugendliche dürfen nicht an den Rand gedrängt werden, so Franziskus, sondern man müsse sie anhören.

Dem Dauerregen trotzen

Im subtropischen Rio de Janeiro sind ausgiebige Regenschauer im Sommer ganz normal. Auch beim Weltjugendtag heißt es regelmäßig „Land unter“. Sogar die riesige Abschlussmesse muss kurzfristig verlegt werden. Sie findet nicht auf dem aufwändig ausgebauten „Campus Fidei“ (Feld des Glaubens) 50 Kilometer außerhalb Rios statt, sondern an der Copacabana. Das scheint aber weder die Jugendlichen noch den Papst zu stören. „Euer

Glaube ist stärker als der Regen“, ruft Franziskus den Menschen zu, und baut die Planänderung in Sachen Campus Fidei, das inzwischen einem Schlammloch gleicht, geschickt in seine Ansprache bei der Vigilfeier ein: „Will uns der Herr nicht vielleicht sagen, dass das wahre Feld des Glaubens, der wahre ‚Campus Fidei‘ nicht ein geografischer Ort ist, sondern wir selbst?“

Hostien aus dem Knast

Bei den Morgenmessen verwendet Franziskus Hostien, die in einem Frauengefängnis in Buenos Aires hergestellt werden. Traditionell werden Hostien in Klöstern produziert, so auch von den Benediktinerinnen aus San Isidoro, einem Vorort von Buenos Aires. Die hatten die Idee, die weiblichen Gefangenen der nahegelegenen Strafanstalt San Martín in die Hostienherstellung einzubeziehen.

Als besonderes Talent erweist sich dabei die 38-jährige Gabriela Caballero. Ihre Hostien werden in verschiedenen Gemeinden der Diözese San Isidoro verwendet. Die Aufgabe gibt ihrem Leben einen neuen Sinn; sie leidet weniger unter depressiven Phasen, wie der Gefängnisseelsorger beobachtet. Der Ortsbischof Óscar Vicente Ojea Quintana bringt Franziskus bei einem Rombesuch ein Päckchen Hostien, einen Brief der Bäckerin und Fotos von ihr während des Hostienbackens mit. Dieser ist so berührt, dass er sofort zurückschreibt: „Liebe Gabriela, Msgr. Ojea hat mir Ihren Brief gebracht. Ich danke Ihnen für Ihr Vertrauen ... und für die Hostien. Ab morgen werde ich mit ihnen die heilige Messe feiern und ich versichere Ihnen, dass mich das bewegt." Weiter verspricht er, für sie zu beten und bedankt sich für die Fotos: „Ich werde sie auf meinem Schreibtisch vor mir aufstellen. Möge Jesus Sie segnen und die allerseligste Jungfrau sich Ihrer annehmen. Herzlich, Franziskus." Gabriela ist glücklich: „Ich weiß jetzt, dass man Papst Franziskus sogar von der Gefängniszelle aus erreichen kann."

Ein Fußballspiel für den Papst

Es ist ein ungewöhnlicher Anblick, der sich am 13. August 2013 im vatikanischen Clementina-Saal bietet: Da sitzen die Fußballnationalmannschaften von Italien und Argentinien, unter ihnen Weltstars wie Lionel Messi, einträchtig nebeneinander und hören gebannt Papst Franziskus zu.

Anlass ist ein Freundschaftsspiel zwischen beiden Mannschaften, das am nächsten Tag zu Ehren des Papstes stattfindet. Der fußballbegeisterte Pontifex hat die beiden Mannschaften vorher zu einer Privataudienz eingeladen. Er bittet die Spieler, fair zu sein und sich ihrer Verantwortung als Stars bewusst zu sein. Für viele Menschen seien sie Vorbild, daraus sollen sie etwas machen: „Ich zähle auf all das Gute, das Sie unter der Jugend bewirken können." An die Manager gewandt beklagte Franziskus, der Fußball sei zu einem Geschäft geworden. Ein besonderes Geschenk haben die beiden Mannschaften auch dabei: einen Olivenbaum als Friedenszeichen. Der soll nach dem Spiel in die Vatikanischen Gärten gepflanzt werden. Italiens Torhüter Gianluigi Buffon ist beeindruckt von Franziskus: „Mit so einem Papst ist es einfacher, sich zu bessern."

Mit dem Papst per Du

Der 19-jährige Student Stefano Cabizza glaubt erst, sich verhört zu haben, als sein Telefon klingelt und eine Stimme mit spanischem Akzent sagt: „Hallo, hier ist Papst Franziskus", und ihm gleich darauf das Du anbietet. Schließlich haben

Jesus und die Apostel sich auch geduzt, denn „sie waren Freunde, so wie wir jetzt auch Freunde sind. Und ich duze meine Freunde.“ Cabizza, der in der Nähe von Padua in Norditalien Ingenieurwesen studiert, hatte eine Woche zuvor einen Brief an Franziskus geschrieben, in dem er von seinen Hoffnungen und Sorgen berichtet, einen Job zu finden. Diesen Brief vertraut er nach der Papstmesse am 15. August 2013 in Castel Gandolfo einem Kardinal an, der ihn an das Kirchenoberhaupt weiterreicht. Mit einer Antwort, noch dazu so schnell und per Telefon, rechnet Stefano da aber nicht. Und worüber haben die beiden am Telefon geredet? „Wir haben acht Minuten lang gelacht und Witze gemacht. Er hat mich gesegnet, und ich spürte eine große Stärke in mir erwachen.“

Ein geheimnisvoller Koffer

An einem Samstag Ende August bekommt Franziskus Besuch von einem alten Bekannten: José Maria di Paola kennt er schon seit seiner Zeit als Erzbischof von Buenos Aires. „Padre Pepe“, wie der 51-Jährige mit dem wachen Blick genannt wird, ist einer der Priester, die Bergoglio in die Armenviertel der Metropole gesandt hat, wobei der Erz-

bischof, wie Padre Pepe betont, selbst regelmäßig dabei war. Eine Sache, die Padre Pepe von Bergoglio gelernt hat, ist der direkte und individuelle Umgang mit den Menschen, weil jeder seine eigene Geschichte habe und nicht das gleiche Rezept für alle funktioniere.
Zu seinem Besuch nimmt er einen besonders schweren Koffer mit, muss am Flughafen sogar Übergepäck bezahlen. Was sich darin befindet? Zahlreiche Geschenke, zu segnende Rosenkränze und Briefe von den Bewohnern der Armenviertel. Zwei stammen von ehemaligen Drogenabhängigen, die Franziskus gut kennt. Am Gründonnerstag 2008 hatte er ihnen die Füße gewaschen, und in seinem Büro hingen sogar Fotos von ihnen. Als geradezu „verjüngt“ erlebt Padre Pepe seinen ehemaligen Erzbischof. Sein Fazit: Am besten unterstütze er den Papst, indem er seine Arbeit bei den Ärmsten wie bisher weiter tue.

Ungewöhnlicher Schnappschuss

Ende August 2013 geht ein Foto um die Welt, das einiges Aufsehen erregt: Ein mit einem Smartphone aufgenommenes Selbstporträt, „Selfie“ genannt, wie Jugendliche es gern von sich machen.

Darauf zu sehen: eine Gruppe junger Leute und der Papst. Etwas verwackelt und amateurhaft, wie das für diese Art Schnappschuss typisch ist. Die Jugendlichen aus Norditalien waren bei einem Treffen mit dem Papst im Petersdom dabei und sprachen ihn nach der Veranstaltung an. Als sie das Foto später bei Facebook veröffentlichen, verbreitet es sich in kurzer Zeit überall im Internet.

Natürlich wird Franziskus ständig fotografiert, auch per Handy. Aber dass ein Papst derart unkonventionell für ein Foto mit Jugendlichen posiert, ist ungewöhnlich. Franziskus ist ein „Papst zum Anfassen“, nahbar und unkompliziert. Das ist keine Rolle, die er spielt, wenn es ihm angebracht scheint, sondern das ist tatsächlich seine Art. Er möchte bei den Menschen sein.

FRANZISKUS – EIN „SUPERPAPST"?

„Ich halte Papst Franziskus für einen außergewöhnlich aufmerksamen und seelenvollen Boten des Friedens und der Gerechtigkeit."

Barack Obama

„Dieser Papst ist wirklich ein Glücksfall – und eine große Herausforderung!"

Kardinal Christoph Schönborn

„Beten wir, dass dieser Papst erreicht, was er sich vorgenommen hat."

Nikolaus Schneider, EKD-Ratsvorsitzender

Mit der „Kuh“ durch Rom

Eigentlich hat Franziskus schon einen Dienstwagen: einen etwa fünf Jahre alten dunklen Ford Focus mit dem Kennzeichen SCV 00919. Der passt gut zu seinem bewusst schlichten Lebensstil. Auch junge Priestern ermahnt er: „Ich sage euch ehrlich, es tut mir weh, wenn ich einen Priester oder eine Ordensfrau im neusten Automodell sehe. Das geht so nicht! Ich glaube, dass das Auto notwendig ist, weil man viel arbeitet und von da nach dort kommen muss. Aber nehmt ein bescheideneres, ja!?“

Doch dieses Geschenk, das ihm ein Dorfpfarrer Anfang September macht, kann er schlecht ablehnen: Es ist ein fast 30 Jahre alter Renault 4, den Pater Renzo Zocca aus einer kleinen Gemeinde in der Provinz Verona mitbringt. Der Wagen mit 300 000 Kilometern auf dem Tacho hat ihm treue Dienste geleistet, so sagt Pater Zocca, und nun wolle er ihn an den Papst weitergeben. Franziskus ist sichtlich angetan und setzt sich gleich selbst ans Steuer, wie Pater Zocca später berichtet: „Er hatte mir gesagt, dass er ebenfalls einen R4 hatte, und auch seiner habe ihn nie im Stich gelassen. Ich habe ihn wegfahren sehen, als sei es das Natürlichste der Welt.“ Dennoch ist sich Franziskus nicht sofort sicher, ob er das Geschenk annehmen kann, und fragt:

„Hast du ein anderes Auto?“ Erst als Pater Zocca ihm versichert, er habe noch ein neueres Auto, willigt Franziskus ein. Besonders sportlich wirkt der Wagen nicht. Passenderweise wird der R4 von den Italienern liebevoll „la mucca“ (die Kuh) genannt. Seinen ersten Einsatz im Vatikan hat „la mucca“ bereits ein paar Tage später. Da fährt Franziskus mit seiner „Kuh“ zum Friedensgebet für Syrien.

Leere Klöster für Flüchtlinge

Schon bei der ersten Reise als Papst hatte sich Franziskus auf der Flüchtlingsinsel Lampedusa Menschen zugewandt, die von Afrika nach Europa flüchten. Am 10. September 2013 nun besucht er das Flüchtlingszentrum „Centro Astalli“ in Rom. Für viele Menschen ist es die zweite Station nach Lampedusa. Das Zentrum wird vom Jesuiten-Flüchtlingsdienst betrieben. Franziskus dankt den Mitarbeitern und freiwilligen Helfern, findet aber auch deutliche Worte für seinen Aufruf, mehr zu tun. So schlägt er vor, leerstehende Klöster nicht zu Hotels umzubauen, sondern für Flüchtlinge zu öffnen. „Mut ist nötig. Wir tun viel, vielleicht sind wir gerufen, mehr zu tun“, sagt er.
Wer Franziskus eine etwas verklärte Sicht auf die

Armut unterstellt, hört hier ganz andere Töne: Es reiche nicht, einem Armen ein Stück Brot zu geben: „Die Nächstenliebe, die den Armen so lässt, wie er ist, reicht nicht aus. Echte Barmherzigkeit verlangt Gerechtigkeit, verlangt, dass der Arme den Weg findet, damit er nicht mehr arm ist."

Neue Wege gehen

Als Franziskus Mitte September 2013 die römischen Priester trifft, hält er keinen langen Vortrag. Stattdessen lädt er zum offenen Dialog ein. Sie sollen sich frei fühlen, ihn alles zu fragen, was ihnen einfalle, ermutigt er die Priester.

Gleich in der ersten Frage geht es um die Kreativität. Wie kann man neue Wege finden, um Menschen für die Botschaft Jesu zu begeistern? Franziskus meint, es helfe nicht, einfach um der Neuheit willen irgendetwas Neues zu probieren. Beten helfe aber, genauso wie das Gespräch mit den Gläubigen. Um die Kirche einladender zu gestalten, könne man sie beispielsweise den ganzen Tag geöffnet lassen und auch am späten Abend noch die Möglichkeit zur Beichte bieten.

Für manche Priester mag es ungewohnt sein, dass der Bischof von Rom ihnen auf Augenhöhe begegnet. Er sagt: „Ich fühle mich als Priester, ganz ehrlich“, und gibt zu: „Ich habe Angst davor, mich wichtig zu fühlen.“ Deshalb er bittet die Priester, ihm Bescheid zu geben, falls er irgendwann „abheben“ sollte. „Sagt es mir, wenn es nicht privat geht, dann öffentlich, sagt mir: Bekehre dich!“

Herausforderung an die Kurie

Eigentlich gebe er nicht gern Interviews, gibt Franziskus gleich zu Beginn seines Gesprächs mit Antonio Spadaro SJ, dem Chefredakteur der Jesuitenzeitschrift „La Civiltà Cattolica“, zu. Oft fallen ihm die besten Antworten erst ein, nachdem er eine Frage schon beantwortet habe. Mit dem langen Interview während des Rückflugs von Brasilien ist wohl ein Knoten geplatzt. „Ich habe mich selbst nicht wiedererkannt“, sagt Franziskus über diese Situation.

Jetzt beantwortet er Spadaro an drei Tagen jeweils mehrere Stunden lang Fragen. So entsteht ein ausführliches, überraschend offenherziges Interview. Als er sich selbst beschreiben soll, sagt Franziskus: „Ich bin ein wenig gewieft ..., aber es stimmt, dass ich auch ein bisschen arglos bin.“ Im Grunde sei er undiszipliniert. Deshalb ist die Disziplin eines der Dinge, die ihn bei den Jesuiten angezogen haben. Offen gibt er zu, in der Vergangenheit Fehler gemacht zu haben. Als Provinzial der Jesuiten in Argentinien habe er Entscheidungen anfangs zu autoritär getroffen. Deswegen sei es ihm jetzt wichtig, sich mit anderen zu beraten. „Und ich will, dass es echte, keine formellen Beratungen geben wird."

Danach gefragt, was die Kirche derzeit am dringlichsten brauche, findet Franziskus ein ungewöhnliches Bild: „Ich sehe die Kirche wie ein Feldlazarett nach einer Schlacht. Man muss einen Schwerverwundeten nicht nach Cholesterin oder nach hohem Zucker fragen. Man muss die Wunden heilen." Barmherzigkeit ist dabei das wichtigste Heilmittel, schließlich sei der Beichtstuhl kein Folterinstrument. „Eine Herausforderung an die Kurie", so beurteilen italienische Zeitungen diese Aussagen.

„Gute Luft" auf Sardinien

Einem Argentinier mit italienischen Wurzeln fallen sprachliche Parallelen sicher auf: Als Franziskus am 23. September 2013 das Heiligtum Unserer Lieben Frau von Bonaria in Cagliari

(Sardinien) besucht, erinnert er sich an seine alte Heimat Buenos Aires, was ihn zu einer besonders autobiografisch gefärbten Ansprache animiert: Beide Ortsnamen – Bonaria und Buenos Aires – bedeuten so viel wie „gute Luft“.

Die Stimmung hier ist allerdings seit längerer Zeit nicht sehr gut: Beinahe 20 Prozent beträgt die Arbeitslosenquote. Als Franziskus in Cagliari Arbeitslose, Menschen in prekären Arbeitsverhältnissen und Unternehmer trifft, spricht er frei. Und er erzählt davon, wie es seinem Vater erging, der aus wirtschaftlichen Gründen von Italien nach Buenos Aires auswanderte: „Ich kenne die Leiden der enttäuschten Hoffnungen der Migranten und sage euch: Habt Mut.“ Deutlich kritisiert er das Wirtschaftssystem, bei dem nicht der Mensch, sondern das Geld im Mittelpunkt steht.

Das sind nicht die Worte, die in seinem Manuskript stehen, gibt Franziskus zu: „Ich hatte etwas Geschriebenes für euch vorbereitet. Aber ich habe es vorgezogen, euch das zu sagen, was aus meinem Herzen kommt, wenn ich euch in diesem Augenblick hier sehe!“ Diese Spontaneität kommt an, viele gehen ermutigt nach Hause; es herrscht „gute Luft“.

Tratschen verboten

Damit haben die Gendarmen des Vatikans wohl nicht gerechnet: Beim Gottesdienst in den vatikanischen Gärten zu Ehren ihres Schutzpatrons, des Erzengels Michael, warnt Franziskus vor Klatsch und Tratsch. Für ihre Erfüllung der Aufgabe, den Vatikan zu schützen, dankt der Papst den vatikanischen Gendarmen, sagt aber im gleichen Atemzug, es sei heutzutage unwahrscheinlich, dass der Vatikan von einer Armee angegriffen würde. Dafür sollen die Gendarmen sich für mehr Eintracht im Vatikan einsetzen. Das sei „ein Krieg, den man nicht mit den Waffen führt ... man führt in mit der Sprache. Die Waffe dieses Krieges ist das Geschwätz." Mit anderen Worten: Klatsch und Tratsch sind „die Sprache des Teufels". Er ruft die Gendarmen auf: „... nie schlecht übereinander reden, nie die Ohren spitzen bei Geschwätz." Das sind weise Worte, die man sich auch außerhalb des Vatikans zu Herzen nehmen kann!

Regierung und Opposition vereint

Etwa zwei Wochen vor der Parlamentswahl in Argentinien sitzen Spitzenpolitiker gegnerischer Parteien friedlich vereint beisammen. Was ist passiert? Es ist keine Wahlkampfveranstaltung und hat auch sonst nichts mit Politik zu tun, sondern mit einer Buchvorstellung im großen Saal eines Kulturzentrums in Argentinien. Dabei ist der Star der Veranstaltung nicht einmal anwesend; er weilt im 13 Flugstunden entfernten Vatikan.

Vorgestellt wird ein Buch, das die letzten neun Predigten enthält, die Erzbischof Bergoglio vor seiner Wahl zum Papst gehalten hat. Das Buch trägt einen blumigen, langen Titel. Untertitel: „Mit Hoffnung unser soziales Netz neu knüpfen". Über die illustre Runde – darunter auch der Kandidat der Partei von Präsidentin Cristina Kirchner und der neue Star der Opposition Sergio Massa – staunt auch die Presse und titelt: „Franziskus bringt ein Dream-Team unterschiedlichster Couleur zusammen".

Ein Füller für den Friedensvertrag

Schon Monate vor der geplanten Reise ins Heilige Land trifft Papst Franziskus wichtige Akteure der Region. Im Mai 2013 empfängt er den israelischen Ministerpräsidenten Shimon Peres, im Oktober dann den Präsidenten der Palästinensischen Autonomiebehörde Mahmud Abbas. Bei der Privataudienz für Abbas sprechen die beiden vor allem über den Nahost-Friedensprozess. Als Franziskus Abbas einen Füllfederhalter schenkt, scheint dieser die vermutlichen Hintergedanken zu erraten. Mahmud Abbas sagt, er hoffe, mit diesem Füller einen Friedensvertrag mit Israel zu unterschreiben. Darauf Franziskus: „Bald, bald!"

Dreikäsehoch auf dem Papststuhl

Wer ist der Dreikäsehoch, der da auf dem Papststuhl sitzt? Diese Frage stellt sich so mancher beim großen Familientreffen zum Jahr des Glaubens Ende Oktober 2013. Einige Kinder sitzen direkt vor der Bühne, die auf dem Petersplatz aufgebaut ist, die meisten ruhig und brav. Nur der sechsjährige Carlos nicht. Er weicht Papst Franziskus während der gesamten Veranstaltung nicht von der Seite. Auch als Mitarbeiter ihn mit Bonbons von der Bühne herunterzulocken versuchen, haben sie keinen Erfolg. Carlos hat nur Augen für Franziskus, setzt sich irgendwann sogar auf den Stuhl des Heiligen Vaters, als dieser zu einer Rede aufsteht. Als der Kleine den Papst mitten in der Rede plötzlich umarmt, lässt sich Franziskus nicht aus der Ruhe bringen. Er streichelt ihm kurz über den Kopf und setzt seine Rede fort. Dass Kinder immer mustergültig stillsitzen, erwartet er nicht. Vielleicht weiß er auch von der besonderen Situation des kleinen Carlos, der ein Waisenjunge ist. Später kursieren verschiedene kurze Filme davon auf YouTube, die insgesamt über 70 000 mal angeklickt werden. „Der Junge, der dem Papst die Show stiehlt", ist mit einem Mal weltbekannt.

Sonntagsarbeit für den Papst

Zum 30. Gründungstag des Vatikanischen Fernsehzentrums (Centro Televisivo Vaticano, kurz CTV) empfängt Franziskus am 28. Oktober 2013 die Journalisten und Techniker des Senders. Er möchte sich vor allem bedanken, nicht nur bei den Mitarbeitern selbst, sondern auch bei ihren Familien, die „ihren wöchentlichen Terminkalender nach den Terminen des Papstes ausrichten müssen!“ Zu den Aufgaben des Vatikan-Fernsehens gehört auch die Übertragung des Angelusgebets, also Sonntagsarbeit. „Ich kann mir vorstellen, dass das ein nicht geringes Opfer erfordert ... Der Papst will das Familienleben nicht durcheinanderbringen!“, beteuert Franziskus. „Aber ich danke euch für eure Geduld.“

Warum uns dieser Papst gefällt

Er ist ein Traditionalist, wie er im Buche steht, und einer der schärfsten Kritiker von Papst Franziskus: Mario Palmaro, Rechtsphilosoph und Journalist. Palmaro, der seit zehn Jahren eine Sendung bei Radio Maria moderiert, veröffentlicht Anfang Oktober 2013 zusammen mit einem Kollegen in der Tageszeitung „Il Foglio“ eine Anklage gegen Franziskus unter dem Titel „Dieser Papst gefällt uns nicht“.

Was wirft er Franziskus vor? Seine Demut sei mehr Schein als Sein, eine Zurschaustellung für die Medien, mit Äußerlichkeiten lenke er den Blick vom Wesentlichen weg. „Wir erleben das Phänomen eines Führers, der der Masse genau das sagt, was die Masse hören will.“ Die für Palmaro bittere

Folge: Nach der Veröffentlichung verliert er seinen Job bei Radio Maria. Der nächste Schicksalsschlag ist eine schwere Krebserkrankung.
Am 1. November dann ein Anruf vom Papst. Palmaro ist, wie er später berichtet, „überrascht, erstaunt und vor allem bewegt“. Franziskus sagt, er habe von Palmaros Erkrankung erfahren und sei ihm nahe. „Ich habe so deutlich sein tiefes Mitgefühl gespürt ... Für mich war das eine der allerschönsten Erfahrungen meines Lebens.“ An seiner kritischen Haltung zum Papst, so Palmaro, ändere das aber nichts. Er spricht Franziskus während dieses Telefonats selbst darauf an. Der meint lediglich, er habe die guten Absichten erkannt; solche Kritik zu bekommen sei für ihn wichtig.

Der Telefonseelsorger

Manche Meldungen in der Presse erstaunen Franziskus. „Der Papst hat selbst zum Telefonhörer gegriffen“ – was ist daran so Besonderes?, scheint er sich zu fragen. „Bitte sagen Sie den Journalisten, dass meine Telefonate keine Nachricht sind“, bittet er eines Tages sogar Dario Viganò, den Direktor des Vatikanischen Fernsehzentrums CTV. „Es ist gut, dass sie nichts von den übrigen Telefonaten wissen." Er habe das auch in Buenos Aires schon so gehalten: Wenn er von jemandem – einem Priester, einer Familie, einem Gefangenen – in Schwierigkeiten erfahre, dann sei es für ihn einfacher, direkt anzurufen, zuzuhören und, wenn er könne, zu helfen.

Ein richtiger Telefonseelsorger sei dieser Papst, meint Viganò. Seine Art, mit anderen mitzufühlen, dränge ihn zu einer Unmittelbarkeit der Beziehung. Im direkten Kontakt versucht er, den anderen und seine Probleme wirklich zu verstehen. Allerdings ruft Franziskus nicht nur zu Arbeitszwecken an. Ihm selbst, berichtet Dario Viganò, sei es passiert, dass der Papst ihn angerufen habe, um ihm zum Geburtstag zu gratulieren.

Franziskus will's wissen

Wie denken Katholiken über moralisch „heiße Eisen" wie Empfängnisverhütung, vorehelichen Geschlechtsverkehr, wiederverheiratete Geschiedene, Homosexualität und, und, und? Eine Befragung direkt an der katholischen Basis, wie Franziskus sie im Herbst 2013 startet, hat es so noch nie gegeben. Einen „Akt päpstlich verordneter Anarchie" nennt es die Süddeutsche Zeitung.

Der Fragebogen zur Vorbereitung der Familiensynode im Oktober des Folgejahres wird im November 2013 vom Vatikan an die Bischöfe geschickt, die die Fragen in die Pfarreien hineintragen sollen. Ausdrücklich heißt es vom Vatikan: „Wir wollen keine persönlichen Bewertungen der Bischöfe, sondern wollen wissen, was die Menschen denken und wie sie leben."
Mit den Ergebnissen gehen die Bistümer in den verschiedenen Ländern unterschiedlich um. Manche halten streng geheim, was sie an den Vatikan schicken, andere – darunter die Bistümer des deutschen Sprachraums – veröffentlichen die Ergebnisse. Man kann vermuten, dass Letzteres der Intention des Papstes eher entspricht: ein Dialog auf Augenhöhe, das ist seine Art der Kommunikation.

Die Clownsnase

Dass Franziskus Humor hat, können sich Pepita und Spillo, ein italienisches, frischgebackenes Ehepaar schon denken, als sie am 6. November 2013 zur Generalaudienz aufbrechen. Nach der wöchentlichen Audienz auf dem Petersplatz, so wissen sie, haben Neuvermählte die Gelegenheit, dem Papst persönlich zu begegnen. Das Besondere bei

Pepita und Spillo: Die beiden arbeiten als Clowns, um kranke Kinder aufzuheitern. Ihre Clowntherapie bieten sie besonders krebskranken Kindern an, besuchen Krankenhäuser und Waisenhäuser. Damit erreichen sie, dass Kindern in schweren Situationen die Tür in ihre Kinderwelt wieder geöffnet wird. Auch an diesem Mittwoch haben sie ihre Clownsnasen dabei – und bringen Franziskus gleich eine rote Nase mit. Der zögert keinen Moment, als er vom Engagement der jungen Italiener erfährt, und setzt sich die rote Nase auf. Drei Clownsnasen auf einmal – das gibt auf jeden Fall ein paar gute Bilder fürs Hochzeitsalbum!

Franziskus gibt Hausaufgaben

Generalaudienzen mit Papst Franziskus können sehr unterhaltsam sein, selbst wenn er ernst gemeinte Anliegen hat. Bei der Audienz am 13. November 2013 geht es ihm beispielsweise um die Wichtigkeit der Taufe. Unvermittelt fragt er die Menschen auf dem Petersplatz: „Wer von euch erinnert sich an das Datum der eigenen Taufe? Hebt die Hand: Es sind wenige“, und fügt schelmisch hinzu: „ich frage nicht die Bischöfe, um sie nicht zu beschämen.“ Dann trägt er den Versammelten auf, zu Hause nachzusehen oder nachzufragen, wann sie getauft wurden, denn dieser Tag sei ihr zweiter Geburtstag. „Werdet ihr das tun? Es ist eine Hausaufgabe."

Ist der Papst jetzt Apotheker?

Mit einer originellen Idee überrascht Franziskus am 17. November 2013 die Gläubigen, die zum Angelusgebet gekommen sind. Nach dem Gebet hält er plötzlich ein kleines Schächtelchen in der Hand – auf den ersten Blich eine ganz normale Arzneimittelschachtel – und sagt: „Jetzt möchte ich euch zu einer Medizin raten. Manch einer mag denken: ‚Ist der Papst jetzt Apotheker?' Es ist eine Medizin aus 59 Kügelchen, die eine Arznei für das Herz sind." Tatsächlich steht auf der Schachtel „Misericordina", eine kreative Abwandlung von misericordia (Barmherzigkeit). Darin befindet sich ein Rosenkranz; ein „Beipackzettel" enthält die Anleitung zum Rosenkranzgebet in mehreren Sprachen. Ehrenamtliche verteilen mehrere Tausend dieser Schachteln kostenlos auf dem Petersplatz. Nun klingt Franziskus tatsächlich fast wie ein Apotheker, als er mahnt: „Vergesst nicht, diese Medizin zu nehmen! Sie tut dem Herzen, der Seele und dem ganzen Leben gut!"

Fröhliche Revolution

Mit „Evangelii Gaudium" („Die Freude des Evangeliums") ist das erste Apostolische Schreiben von Papst Franziskus überschrieben. Diese Freude ist dringend nötig, findet der Papst, denn heute herrsche oft eine „individualistische Traurigkeit": „Es gibt Christen, deren Lebensart wie eine Fastenzeit ohne Ostern erscheint."

Die Reaktionen sind zumeist begeistert. „Revolution im Vatikan", „Franziskus will Kirche komplett reformieren", „Franziskus fordert Kurswechsel" titeln die großen Zeitungen. Und tatsächlich hat das Schreiben einiges an Sprengkraft zu bieten: Eine „Neuausrichtung des Papsttums" und „heilsame Dezentralisierung" sind da gefordert. Die Türen der Kirche sollen offenstehen und die Sakramente keine Belohnung für die Vollkommenen, sondern Nahrung für die Schwachen sein. Auch kirchliche Lehren sind nicht alle in Stein gemeißelt: „Haben wir keine Angst, sie zu revidieren!"

Allerdings geht es Franziskus vor allem um die Neuevangelisierung. Wenn die Presse eine Revolution verkündet, meint sie möglicherweise etwas anderes als die „Revolution der zärtlichen Liebe", von der Franziskus schreibt.

Zu radikal?

Diese Wirtschaft tötet." Es sind Aussagen wie diese, die die Leser von „Evangelii Gaudium" verunsichern. Ist Franziskus etwa Marxist? Es hagelt Kritik, besonders aus konservativen Kreisen und von Seiten der Wirtschaft. Der Papst gehe zu weit, meinen viele empört. Einige Großspender aus den USA beschließen sogar, ihre Spenden an die katholische Kirche einzustellen. Andere beschwichtigen, die Kapitalismuskritik des Papstes sei ja nur ein kleiner Teil des Lehrschreibens, und sicher nicht der wichtigste. Der Papst sei eben durch seine Erfahrungen in Argentinien stark geprägt.

Was der Papst selbst zu der ganzen Aufregung sagt? – Nein, Marxist sei er nicht, seine Aussagen entsprächen einfach der Soziallehre der Kirche. „Aber in meinem Leben habe ich viele Marxisten getroffen, die gute Menschen waren, und deshalb fühle ich mich nicht beleidigt."

Papst undercover

Was macht der Papst eigentlich nachts? Anfang Dezember 2013 tauchen Gerüchte auf, Franziskus schleiche sich im Dunkeln heimlich aus dem Vatikan, um in den Straßen Roms Almosen an Hilfsbedürftige zu verteilen. Diese abenteuerliche Geschichte hat einen ganz realen Hintergrund: Erzbischof Konrad Krajewski, der „Elimosiniere" (Päpstlicher Almosengeber), berichtet in einem Interview, Franziskus habe ihm zu seinem Amt gesagt: „Du kannst deinen Schreibtisch verkaufen, du brauchst ihn nicht. Du musst rausgehen aus dem Vatikan. Warte nicht, bis die Leute klingeln." Er solle konkrete Hilfe leisten und Geld verteilen, frei nach dem Motto: „Ein leeres Konto ist ein gutes Konto". Als Krajewski kurz andeutet, Franziskus würde am liebsten selbst mitkommen, wittern die Journalisten eine gute Story und fragen genauer nach. Und obwohl Krajewski darauf nicht weiter eingeht, kursieren schon kurz darauf die wildesten Gerüchte. Die Geschichte wirkt durchaus authentisch und viele meinen: Zuzutrauen wäre es Franziskus.

GEBURTSTAG, WEIHNACHTEN UND ANDERE GRÜNDE ZUM FEIERN

„Franziskus hat die Kirche verändert. Es ist ihm gelungen, sie menschlicher zu machen."

Notker Wolf

„Man kann gar nicht anders, als den Mann gern zu haben!"

P. Bernd Hagenkord SJ

„Franziskus erfüllt mich mit Freude, und zugleich merke ich: Er ist eine große Herausforderung an mich, an uns alle. Franziskus ist einfach unglaublich sympathisch."

Kardinal Christoph Schönborn

Geburtstagsfrühstück mit Obdachlosen

Zum 77. Geburtstag gibt es keine große Feier. Aber ein Geburtstagsfrühstück mit vier Obdachlosen. Franziskus schickt Erzbischof Konrad Krajewski am Morgen des 17. Dezember 2013 los, um die ersten Obdachlosen, denen er an diesem Morgen begegnet, einzuladen. Die Männer aus Osteuropa hatten in der Nähe des Petersplatzes genächtigt. Krajewski fragt sie: „Würden Sie gern zu Papst Franziskus' Geburtstagsfeier kommen?" Ihr weniges Hab und Gut laden sie in das Auto des Erzbischofs. Ein kleiner Hund, der einem der Männer gehört, darf ebenfalls mitkommen.

Franziskus wünscht sich eine „besonders familiäre" Atmosphäre. Zur Morgenmesse und anschließendem gemeinsamen Frühstück kommen außer den vier Männern aus Osteuropa auch Angestellte des Gästehauses mit ihren Familien: Köche, Haushälterinnen, Reinigungskräfte.

Weihnachtsgeschenke für Bedürftige

In der Woche vor Weihnachten hat der Päpstliche Almosengeber jede Menge zu tun. Im Auftrag von Papst Franziskus verteilt er 2000 kleine Päckchen an Bedürftige. Es sind Menschen, die er bereits betreut oder die zur Armenspeisung der „Mutter-Teresa-Schwestern" kommen. In diesen Päckchen befinden sich bereits frankierte Briefumschläge mit Weihnachtskarten, außerdem Telefonkarten und U-Bahn-Tickets. Die Beschenkten sollen so ihren Angehörigen Weihnachtsgrüße schicken, sie anrufen oder besuchen können. Die U-Bahn-Tageskarten wurden dabei von den römischen Verkehrsbetrieben ATAC gespendet; die frankierten Umschläge von der vatikanischen Post.

Person des Jahres 2013

In seiner Dezemberausgabe kürt das amerikanische Time-Magazine Papst Franziskus zur „Persönlichkeit des Jahres". Den Titel „Person of the Year" vergibt die renommierte Nachrichtenzeitschrift jährlich seit 1927 für die Person, die nach Ansicht der Redaktion die Welt im jeweiligen Jahr

am stärksten bewegt hat. Den Titel hatten 1994 bereits Papst Johannes Paul II. und 1962 Johannes XXIII. erhalten.
In der Begründung heißt es, Franziskus werde ausgezeichnet, weil er das Papsttum aus dem Palast auf die Straße geholt habe, weil er die katholische Kirche dazu bringe, sich mit ihren größten Baustellen auseinanderzusetzen, und weil er es vorziehe, Barmherzigkeit walten zu lassen statt zu verurteilen. Seine große Popularität gebe ihm weitaus größere Möglichkeiten, als Benedikt XVI. sie je gehabt habe, der christlichen Botschaft Gehör zu verschaffen.

Kleiderfragen

Zuweilen scheint es, als wolle jede Zeitschrift auf den Franziskus-Zug aufspringen. Die Wirkung fällt mitunter unfreiwillig komisch aus. So kürt beispielsweise das amerikanische Männermagazin „Esquire“ Franziskus zum bestgekleideten Mann des Jahres 2013. Da wundert man sich. Franziskus, der Mann mit den schiefgetretenen schwarzen Schuhen, macht nicht den Eindruck, als würde er Kleiderfragen viel Zeit widmen. In der Begründung heißt es, durch seinen bewusst bescheidenen Kleidungsstil gelinge es ihm, seine

Überzeugungen optisch zum Ausdruck zu bringen. Dasselbe Magazin hatte 2007 in der Wahl zum „Accessoire-Träger des Jahres“ einen Sonderpreis an Benedikt XVI. vergeben – für ebendie roten Lederschuhe, die es sechs Jahre später so schmäht. Zum Glück sind päpstliche Überzeugungen nicht ebenso schnell wandelbar wie Meinungen zu Modefragen.

Weihnachtsbesuch bei Benedikt

Das erste Weihnachtsfest mit zwei Päpsten im Vatikan – für Benedikt ist es ein besinnliches, ruhiges Fest mit einem Christbaum und Plätzchen aus Bayern und mit einer Weihnachts-CD der Regensburger Domspatzen, die er gemeinsam mit seinem Bruder Georg Ratzinger anhört. Für Franziskus ist es ein dicht getaktetes Programm, bei dem für Ruhe und Besinnlichkeit nicht viel Zeit bleibt.

Bevor es aber richtig losgeht, stattet er seinem Vorgänger im Amt am 23. Dezember einen Besuch ab. Mit einem unauffälligen Dienstwagen fährt Franziskus im ehemaligen Kloster Mater Ecclesiae vor, wo Benedikt seit seinem Rücktritt lebt. Benedikt XVI., sichtlich gealtert und auf einen Stock gestützt, freut sich über den Besuch. Gemeinsam beten die beiden Päpste in der Kapelle und ziehen sich dann zu einem Gespräch unter vier Augen zurück. Als Franziskus nach einer knappen Stunde wieder in seinen alten Ford steigt, stehen Benedikt und sein Privatsekretär Georg Gänswein noch lange in der Tür und winken zum Abschied.

Ein Silvesteranruf

Was treiben wohl die Nonnen, dass sie nicht rangehen können? Ich bin Papst Franziskus. Ich wollte euch Silvestergrüße schicken. Mal schauen, ob ich nachher wieder anrufen kann. Gott segne euch!" – Dieser Spruch auf dem Anrufbeantworter versetzt die fünf Schwestern eines Klosters im südspanischen Lucena in Aufregung. Dabei hatten sie nicht etwa Silvesterpunsch angerührt, sondern gebetet und so den Anruf verpasst. Nach mehreren Rückrufversuchen erreichen sie Franziskus schließlich doch noch im alten Jahr, tauschen Neuigkeiten und Segenswünsche aus.

Drei der fünf Karmelitinnen stammen aus Argentinien und kennen Franziskus schon seit seiner Zeit als Erzbischof von Buenos Aires. Damals hatte er einen Priester gebeten, zwei Klausurschwestern zu finden, die für ihn beten könnten. Das sind die Karmelitinnen von Lucena, und seither schickt er ihnen jedes Jahr zu Weihnachten eine Postkarte mit Glückwünschen.

Ein „sehr cooler Opa"

Es ist bereits Tradition: Bei der Neujahrsmesse empfängt der Papst Sternsinger. Am 1. Januar 2014 ist es für Laura, Hanna und Justus so weit: Die Sternsinger aus der Nähe von Bielefeld nehmen in ihren bunten Gewändern an der Gabenprozession teil. Und wie erleben die jungen Sternsinger den Papst? „Sehr nett", sagt der elfjährige Justus. Hanna und Laura meinen: „Wenn man den Papst Opa nennen würde, finde ich, das wäre ein cooler Opa, weil er immer so gut drauf ist. Es macht Spaß ihm zuzusehen ... Er ist zwar Papst, aber ich finde ihn sehr menschlich – wenn man das so sagen kann. Er benimmt sich nicht nach dem Motto ‚Ja, ich bin Papst und ihr müsst mich ehren, ich bin der beste Mensch'. Sondern er benimmt sich wie die anderen auch – und das finde ich gerade gut."

Schaf und Hirte

Weihnachten ohne Krippe – da würde etwas fehlen. „Erfunden“ hat die Weihnachtskrippe im Jahr 1223 Franz von Assisi. Im italienischen Greccio ließ er die Szene von der Geburt Jesu nachstellen, nicht mit kleinen Figuren, sondern mit echten Menschen und Tieren. Diese Form der „lebendigen Krippe“ gibt es heute noch an vielen Orten weltweit.

Als Erzbischof von Buenos Aires gilt Bergoglio als großer Freund lebendiger Krippen, zu denen mitunter auch Tangomusik erklingt. Und als ihn die italienische Pfarre Sant'Alfonso de'Liguori im Norden Roms zum Besuch ihrer Lebendkrippe einlädt, sagt Franziskus sofort zu. Sichtlich angetan ist er von den etwa 200 Mitwirkenden und den vielen Tieren, nimmt sich Zeit für einen Rundgang durch die Krippenlandschaft und segnet die Darsteller der Heiligen Familie. Als er mit einer Darstellerin spricht, die ein kleines Lämmchen im Arm trägt, streichelt Franziskus dieses mit so viel Ausdauer, dass die junge Frau ihm das kleine Lamm schließlich in den Nacken legt. Ein Schaf für ihren Oberhirten – die Menge der Umstehenden jubelt begeistert.

Per Anhalter über den Petersplatz

Fabian Baez, ein Gemeindepfarrer aus Buenos Aires, hat kein VIP-Ticket, mit dem er bei der Generalaudienz am 8. Januar 2014 in den Nähe des Altars sitzen oder hinterher den Papst persönlich treffen könnte. So steht er etwas abseits mitten in der Menschenmenge, als Franziskus im Papamobil vorbeifährt. Wie viele andere auch ruft er dem Papst gute Wünsche fürs neue Jahr zu. Er kennt Bergoglio schon seit den 1990er Jahren, als der noch Bischof in Buenos Aires war.

Sobald Franziskus seinen alten Bekannten in der Menge sieht, bittet er den Fahrer anzuhalten und bedeutet einem Gendarm, dem Pater über die Absperrung zu helfen. Dann lädt er den alten Freund ein, mit ihm im Papamobil mitzufahren. Die beiden umarmen sich, und Baez sitzt während der restlichen Fahrt direkt hinter dem Papst, der weiter gutgelaunt den Menschen zuwinkt und Babys küsst. Für Baez kommt das Ganze völlig überraschend. „Ich fragte mich: Was mache ich hier? Mamma mia!“

Purpur ohne Party

Nach dem Angelusgebet am 12. Januar 2014 verkündet Franziskus die Namen von 19 neuen Kardinälen. Sie stammen aus zwölf Ländern von allen Teilen der Erde. Das Kardinalskollegium wird internationaler; einige typische Kardinalsbistümer wie Turin oder Venedig gehen leer aus. Gerade ärmere Länder wie Haiti, Nicaragua oder die Philippinen sollen so mehr Gewicht erhalten. Am nächsten Tag schickt Franziskus den zukünftigen Purpurträgern einen Brief, der aufhorchen lässt: „Die Kardinalswürde ist keine Beförderung, weder eine Ehre noch eine Zierde. Sie ist schlicht ein Dienst, der danach verlangt, den Blick zu weiten und das Herz zu öffnen“, heißt es darin. Außerdem ermahnt der Papst die Adressaten, die Ernennung nicht mit großem Pomp zu feiern, sondern sie „mit einem einfachen und demütigen Herzen zu empfangen.“

Papst als Trendsetter

Der Schneider Raniero Mancinelli ist schon lang im Geschäft; seit den 1960er Jahren schneidert er die „Dienstkleidung“ für Kardinäle und Päpste. Auch Benedikt XVI. ließ sich Soutane und Schei-

telkäppchen von ihm fertigen. Inzwischen spürt Mancinelli den „Franziskus-Effekt“ auch bei seiner Kundschaft. Verstärkt achten Kardinäle und Priester darauf, nicht zu sehr zu „strahlen“, und geben weniger Geld für ihre Kleidung aus, berichtet er. „Das ist eine Auswirkung von Franziskus. Sie wollen zeigen, dass sie ihm pastoral nahestehen.“
Vor der Erhebung der 19 Bischöfe in den Kardinalsstand überlegt Mancinelli, wie man an der traditionellen Kardinalskleidung sparen kann: preiswerteres Material statt schwerer Seide und Kaschmir, maschinengefertigte Knöpfe statt der handgefertigten, preiswertere Spitze am Schulterumhang – es gibt viele Möglichkeiten. Der Papst als Trendsetter in Sachen Kleidung – wer hätte das gedacht?

Beliebtester Zeitgenosse

Wen bewundern Sie am meisten? Diese Frage stellt das britische Meinungsforschungsinstitut YouGov knapp 14 000 Menschen weltweit. Einzige Einschränkung: Es dürfen ausschließlich heute lebende Personen genannt werden. Die Deutschen, Brasilianer und US-Amerikaner mögen Papst Franziskus am meisten. Weltweit kommt Franziskus immerhin auf Platz vier der Beliebtheitsskala – etwas abgeschlagen hinter dem Microsoft-Gründer und Milliardär Bill Gates, Barack Obama und Vladimir Putin. In Deutschland verweist der Papst Kanzlerin Merkel auf Platz zwei; in den USA bekommt er gar doppelt so viele Stimmen wie Barack Obama auf dem zweiten Platz. Als weiteres religiöses Oberhaupt kommt übrigens der Dalai Lama weltweit auf Platz 13.

Der Superpapst

In typischer Superman-Pose, mit emporgereckter Faust und wehendem weißem Umhang, in der Hand eine Aktentasche mit der Aufschrift „Valores" (spanisch für „Werte"): Das ist Super-Franziskus. Dieses besondere Graffito ziert Ende Januar für eine knappe Woche lang eine Hauswand in der Nähe des Vatikans. Der Päpstliche Rat für Soziale Kommunikationsmittel twittert ein Foto des Bildes an seine 86 000 Follower. Zahlreiche Touristen fotografieren es oder posieren gleich selbst vor der Wand für ein Erinnerungsfoto.

Signiert ist das Bild mit „Maupal", der Künstlername des italienischen Straßenkünstlers Mauro Pallotta. In einem Gespräch mit der italienischen Online-Zeitung „BlitzQuotidiano" erzählt er, wie er auf die Idee gekommen ist, den Papst mit Superkräften zu zeichnen, der diese „als einziger Führer in der Welt einsetzt, um Gutes zu tun“: beim Blättern in einem Superman-Comic, wobei gleichzeitig im Fernsehen ein Beitrag über Franziskus lief. Pallotta betont, dass sein Bild „ein umweltfreundliches und ablösbares Graffito“ sei: nicht direkt auf die Hauswand gesprüht, sondern auf Papier. Nach wenigen Tagen wird das Bild über Nacht von einem Unbekannten übertüncht. So einfach allerdings sind einem „Superpapst“ die Kräfte sicher nicht zu rauben ...

Das schönste Geschenk zum 107.

Sr. Candida Bellottis Augen strahlen. 107 Jahre ist sie an diesem 20. Februar geworden. Die Kamillianerin ist damit die älteste Ordensfrau der Welt. „Ich hätte kein größeres Geschenk bekommen können als dieses: meinen Geburtstag mit Papst Franziskus zu feiern!“, sagt sie glücklich.

Ihren Geburtstag begeht sie mit einer Messe im Gästehaus St. Marta, zelebriert von Papst Franziskus. Bereits zehn Päpste hat sie erlebt. Franziskus gefällt ihr besonders: „Er ist die richtige Person für unsere Zeit.“ Nach der Messe ist sie allerdings zu gerührt, um mit ihm zu sprechen. Stattdessen schneidet sie ihren Geburtstagskuchen an. Der hat die Form der Zahl 107, vielleicht weil 107 Kerzen darauf gar keinen Platz gefunden hätten.

Ein Überraschungsgast

Am 22. Februar 2014 nimmt Franziskus in einem Konsistorium 19 neue Kardinäle in das Kardinalskollegium auf. Zu dem Gottesdienst kommt auch ein Überraschungsgast: Benedikt XVI. Es ist sein erster offizieller Auftritt seit seinem Amtsverzicht etwa ein Jahr zuvor. Die Kardinäle sind sichtlich überrascht und empfangen den emeritierten Papst mit Applaus. Franziskus, der seinen Vorgänger nicht zum ersten Mal zu einem Gottesdienst eingeladen hat, macht bei seinem Einzug in den Petersdom einen kleinen Umweg, um Benedikt zu begrüßen. Der nimmt sein weißes Scheitelkäppchen ab, zieht also quasi „den Hut" vor Franziskus. Die beiden umarmen sich herzlich. Mit einer schöneren Geste hätte das Konsistorium nicht beginnen können!

„Vom Papst empfohlen!“

Es muss etwas dran sein an dem, was Kardinal Walter Kasper schreibt. Wenn man Lektüreempfehlungen aus den Worten des Papstes heraushört, fällt jedenfalls der Name Kasper immer wieder einmal. Schon beim Konklave im März 2013 hatte Kardinal Kasper sein Buch „Barmherzigkeit“ dem späteren Papst Kardinal Bergoglio zum Lesen gegeben. Bei seinem ersten Angelus lobt Franziskus das Buch, das ihm sehr „gut getan“ habe, fügt aber rasch hinzu: „Doch glaubt jetzt nicht, dass ich Werbung für die Bücher meiner Kardinäle mache!“ Diese Warnung kommt zu spät. Der Verlag bewirbt das Buch ab sofort mit den Worten „Vom Papst empfohlen!“.

Beim Konsistorium im Februar 2014 dann ein erneutes Lob für Kasper. Vor versammelter Mannschaft lobt der Papst die „tiefe Theologie“ einer Arbeit von Kardinal Kasper, die er am Tag zuvor gelesen habe, „vor dem Einschlafen, aber um nicht einzuschlafen“, wie Franziskus betont.

Papst auf Hochglanz

Ausgerechnet den Aschermittwoch hat sich der Verlag Mondadori als Erscheinungsdatum für ein neues Hochglanzmagazin gewählt. Der Verlag, der Silvio Berlusconi gehört und sonst eher Klatschblätter herausbringt, wagt sich auf neues Gebiet. „Il mio Papa" (Mein Papst) ist die weltweit erste Zeitschrift, die sich ausschließlich dem Papst widmet. Für 50 Cent ist das Wochenblättchen zu haben, die Startauflage: drei Millionen Exemplare. Neben vielen großen Fotos und kurzen Sprüchen, die die Botschaft von Franziskus in gut verdaubare Häppchen zerlegen, gibt es in jeder Ausgabe ein doppelseitiges Papst-Poster. Paparazzi-Fotos sind nicht geplant, verspricht Chefredakteur Aldo Vitali. Er habe sich sogar mit Vatikansprecher Federico Lombardi abgestimmt, der ihm noch einige Tipps geben konnte. Er wolle keinen Klatsch und Tratsch verbreiten, sondern „mit dem allergrößten Respekt" für Franziskus arbeiten.

Auf die Idee zu dem Papst-Magazin ist Vitali beim Spaziergang mit seinen Hunden gekommen, als er überlegte: „Wer ist die Person, die alle verbindet? Der Mensch, den alle mögen? Die Antwort war sehr schnell klar: der Papst."

KLEINE GESTEN, GROSSE WIRKUNG

„Franziskus stillt eine tiefe Sehnsucht nach Ehrlichkeit, Treue und Zuwendung, lässt die Menschen mit seiner Sprache und Gestik ein Stück von der selbstlosen Liebe Gottes erfahren."

Notker Wolf

„Das ist etwas, was ich mir immer ein bisschen erhofft hatte: dass der Papst mit seinen Worten direkt im Herzen der Menschen ankommt, ohne Distanz, ohne Hindernisse."

Federico Lombardi, Pressesprecher des Vatikans

„Papst Franziskus hat Zeichen gesetzt. Er spornt uns an, es ihm gleichzutun."

Erzbischof Robert Zollitsch

Unkonventionelle Handy-Botschaft

Papst Franziskus bedient sich zuweilen ungewöhnlicher Formen der Kommunikation, Hauptsache authentisch. Seine Botschaft an eine Konferenz der Pfingstgemeinden in Texas ist besonders unkonventionell. Normalerweise werden päpstliche Botschaften nur vom Vatikan veröffentlicht. Doch diese Botschaft wird als ein etwas verwackeltes Smartphone-Video aufgenommen. Anthony Palmer, ein evangelikaler Bischof, den Franziskus noch aus seiner Zeit in Buenos Aires kennt, ist zu Besuch im Gästehaus Santa Marta. Im dortigen Arbeitszimmer filmt er Papst Franziskus mit seinem Smartphone.

Die zentrale Botschaft des Papstes – und es ist deutlich zu sehen, wie sehr sie ihm am Herzen liegt – ist der Wunsch nach einer Überwindung der Kirchenspaltungen. Franziskus hat seine Botschaft nicht schriftlich vorbereitet; er spricht frei, was ihm spontan einfällt. Für die Trennung in verschiedene Konfessionen, sagt er, sind „wir alle“ verantwortlich, keiner außer Gott ist frei von Schuld. Er ruft dazu auf, einander als Brüder und Schwestern zu begegnen. Am Ende bittet er die evangelikalen Christen, für ihn zu beten, und segnet sie „von Bruder zu Bruder“.

Das 7-minütige Video wird bei der Konferenz auf

einem großen Bildschirm gezeigt. Die Zuschauer sind sichtlich bewegt, und sie beten tatsächlich für den Papst – in evangelikalen Kreisen ist das ein Novum. An den Reaktionen der Pfingstler wird deutlich, warum dieser Papst so erfolgreich ist: „Er spricht ganz deutlich mit einem gütigen Herzen; dem kann man nur schlecht widerstehen."

Urlaub gestrichen?

Castel Gandolfo ist in der offiziellen Liste der schönsten Dörfer Italiens aufgeführt. Kein Wunder, dass Päpste in dem idyllischen Ort am Albaner See gern die Sommermonate verbracht haben. Mit 55 Hektar ist es ein stattlicher Sommersitz, sogar größer als der Vatikan selbst. Ab 1624 hatte Papst Urban VIII. hier seine Sommervilla erbauen lassen. Die Aussicht ist grandios – an klaren Tagen kann man bis zum Meer blicken.
Verunsichert sind die Bewohner des Ortes allerdings, als Franziskus im Sommer 2013 den Urlaub ausfallen lässt. Schließlich ist der Papst-Tourismus eine der Haupteinnahmequellen für die knapp 10 000 Einwohner. Es scheint, dass Franziskus auch in Zukunft auf die Sommervilla verzichten möchte. Stattdessen gibt er die päpstlichen Gärten

Anfang März 2014 für Besucher frei. Wunderschön gestaltete Gärten und Brunnen und sogar die Reste eines römischen Amphitheaters können nun von jedermann besichtigt werden. Zumindest kommt damit der Tourismus nicht ganz zum Erliegen. Flanieren wie ein Papst – diese Aussicht dürfte einige Besucher anlocken.

Ein ganz normaler Mensch

In einem Interview mit dem Chefredakteur der Tageszeitung „Corriere della Sera" erzählt Franziskus von seinem ersten Jahr als Papst. Dabei wird deutlich: Der Rummel um seine eigene Person und der idealisierende „Papst-Franziskus-Mythos" sind ihm höchst suspekt. Konkret bezieht er sich auf das Papst-Superman-Graffito, das einige Tage lang eine Hausecke in Rom zierte und in den Medien um die Welt ging. Ein Star sei er nämlich ganz und gar nicht, sagt Franziskus klar und deutlich. „Der Papst ist ein Mensch, der lacht, weint, ruhig schläft und Freunde hat wie alle. Ein normaler Mensch."

„Ich mache den Pfarrer"

Als Franziskus im Interview mit dem „Corriere" nach seiner Gewohnheit gefragt wird, Menschen, die ihn um Hilfe bitten, direkt anzurufen, erzählt er, dass er dies als Dienst verstehe. Besonders gern telefoniere er mit einer 80-jährigen Frau, die ihm geschrieben habe, weil sie ihren Sohn verloren hatte. Nun rufe er sie einmal im Monat an. „Ich mache den Pfarrer. Das gefällt mir."
Leider schreiben ihm inzwischen so viele Menschen, dass dieser Dienst für ihn schwieriger geworden sei, sagt Franziskus mit Bedauern. Tatsächlich erreichen ihn rund 2000 Briefe täglich. Sie kommen aus aller Welt. Ciro Benedettini, der Vizedirektor des vatikanischen Presseamts, weiß zu berichten: „Fast alle fügen ihre Telefonnummer hinzu in der Hoffnung, dass der Papst sie anruft."

Das „Papst-Team"

Eigentlich sollte der neue Fußballklub in Luján, einer kleinen Stadt 75 Kilometer von Buenos Aires entfernt, nach dem Erfolgsverein Real Madrid benannt werden. Doch dann, so Klubpräsident Jorge Ramirez, habe er gemerkt: Papst Franziskus passt viel besser. Schließlich ist die soziale Arbeit mit Straßenkindern eine wesentliche Aufgabe des Klubs, der nun tatsächlich „Deportivo Papa Francisco" (Sportklub Papst Franziskus) heißt. Am 22. März 2014 startet er in seine erste Saison in der sechsten argentinischen Liga. Der Etat ist nicht eben üppig, die Hoffnungen der Sportler aber umso größer. Im schwarzgelben Vereinswappen führen sie ein Kreuz.

Franziskus gesteht einen Diebstahl

Eigentlich spricht Franziskus über das Thema Barmherzigkeit in der Seelsorge, als er die Priester Roms zu Beginn der Fastenzeit 2014 in der Audienzhalle trifft. Doch dann erzählt er eine persönliche Anekdote und gesteht einen Diebstahl, den er in den 90er Jahren begangen hat.

Damals war er Generalvikar in Buenos Aires, und sein Beichtvater war gestorben. Als er in die Krypta kam, wo der alte Priester aufgebahrt war, sah er, dass es keinen Blumenschmuck gab. Bergoglio ging zum nächsten Blumenhändler, kaufte Rosen und begann, die Bahre damit zu schmücken. „Da habe ich den Rosenkranz gesehen, den er in den Händen hielt. Und dann ist der kleine Dieb in mir

erwacht, der ja in uns allen steckt, oder? Und während ich dort die Blumen verteilte, habe ich das Kreuz vom Rosenkranz abgemacht." Dabei habe er den Verstorbenen angesehen und gedacht: „Gib mir die Hälfte deiner Barmherzigkeit!"
Dieses Kreuz, so berichtet Franziskus, trage er bis heute immer bei sich. Der Gedanke an den barmherzigen Priester stärkt ihn, wenn ihm „ein böser Gedanke" gegen andere kommt.

Mit der Kurie in den Wald

Den ersten Jahrestag seines Pontifikats begeht Franziskus nicht mit Feierlichkeiten im Vatikan, sondern in den Albaner Bergen. Hierher zieht er sich mit der Spitze der Kurie zu Fastenexerzitien zurück. Nun sind diese Exerzitien in der ersten Woche der Fastenzeit zwar Tradition, neu ist aber die Art und Weise: Franziskus ist der erste Papst, der dem Vatikan dabei bewusst den Rücken kehrt. Statt wie bisher nach den täglichen Predigten im Apostolischen Palast einfach wieder an den Schreibtisch zurückzueilen, nehmen die etwa 80 Kurienmitarbeiter nun eine echte Auszeit für Stille, Meditation und Gebet.
Ziel der gemeinsamen Reise im Bus ist die Casa

Divin Maestro, ein kirchliches Bildungshaus mitten im Wald nahe des kleinen Städtchens Areccio, das etwa 25 Kilometer südlich von Rom liegt. Exerzitienmeister ist nicht wie bisher ein Kardinal, sondern ein einfacher römischer Stadtpfarrer. Eine Woche mit dem Papst im Wald – diese Erfahrung schweißt mit Sicherheit zusammen.

Zu Fuß unterwegs

Wie schützt man einen Papst, der zu Fuß zur Arbeit geht? Diese Frage beschäftigt den Polizeipräfekten des Vatikans. Zwischen dem Gästehaus Santa Marta, wo Franziskus wohnt, und dem Apostolischen Palast oder der Audienzhalle sind es zwar nur wenige hundert Meter. Dennoch kann da jeder den Papst einfach ansprechen. Ein Sicherheitsrisiko, findet der Polizeipräfekt und ordnet an, dass die Straßen für Autos und Menschen gesperrt werden, wenn der Pontifex unterwegs ist. Der geht zu Fuß, weil sein Arzt ihm wegen Gelenkproblemen Bewegung empfohlen hat. Dass dabei andere ganz einfach Zugang zu ihm haben, ist für ihn aber kein unangenehmer Nebeneffekt, sondern gewollt. Er will ansprechbar sein, nicht abgeschottet von den Menschen. Franziskus verbietet kurzerhand die

Maßnahmen zu seinem persönlichen Schutz – und seitdem kann man ihn wieder auf der Straße treffen.

An die Damen und Herren Mafiosi

In einem ungewöhnlichen Appell wendet sich Papst Franziskus an die Akteure des organisierten Verbrechens. Bei einem Gedenkgottesdienst für die Opfer der Mafia, den er mit 900 ihrer Angehörigen in der römischen Pfarrei San Gregorio VII. feiert, sagt er am Ende seiner bewegten Ansprache, den „großen Abwesenden" dieses Abends, „den Männern und Frauen von der Mafia" wolle er auch noch etwas sagen: „Ich bitte euch, ändert euer Leben, bekehrt euch, hört auf, das Böse zu tun! Und wir beten für euch: Bekehrt euch. Darum bitte ich euch auf Knien." Noch sei Zeit, so der Papst, nicht in der Hölle zu landen. Zur Gebetsvigil trägt Franziskus die Stola von Giuseppe Diana, einem von der Mafia ermordeten Geistlichen.

Lachen im Beichtstuhl

Jeder Mensch ist ein Sünder, auch der Papst. Franziskus hätte diese Botschaft nicht eindrücklicher übermitteln können als mit einer Geste, die als Foto sofort um die Welt geht: Zu Beginn einer groß angelegten Bußaktion, bei der er mit anderen Priestern im Petersdom Gläubigen die Beichte abnimmt, geht er zunächst selbst zu einem Beichtstuhl, kniet davor nieder und beichtet öffentlich. Dabei ist zu sehen, dass der Papst und sein Beichtvater auch lachen. Zuvor hatte Franziskus zur Umkehr eingeladen und die Priester ermahnt, sie dürften kein „Hindernis“ für die Beichte der Gläubigen sein. Viele Menschen hätten Schwierigkeiten damit, ihre Sünden vor einem anderen zu bekennen. Der Bußgottesdienst im Petersdom eröffnet die Initiative „24 Stunden für Gott“, bei der weltweit Beichte und eucharistische Anbetung im Mittelpunkt stehen.

Kein Aprilscherz

Dass der Papst immer wieder Interviews gibt, lässt eine Gruppe belgischer Jugendlicher auf eine Art Schnapsidee kommen: Lasst uns ein Interview mit dem Papst machen! Sie können es kaum glauben, als der Papst ihrer spontanen Anfrage zustimmt, und fragen sich, ob das ein verfrühter Aprilscherz sein könnte. Doch es ist wahr, einen Tag vor dem 1. April findet das Interview statt. Die jungen Belgier – manche von ihnen Christen, andere nicht – bereiten gemeinsam die Fragen vor, dann reisen fünf von ihnen in den Vatikan. Aufgeregt sind sie, denn sie werden nicht nur die Fragen stellen, sondern sie filmen auch selbst. Ausgestrahlt wird ihr Film dann im belgischen Fernsehen.

„Let's go!", sagt Franziskus zu Beginn, los geht's. Es wird viel gelacht bei dem Interview. Auf die erste, noch etwas ungläubige Frage, warum er ihrer Anfrage überhaupt zugestimmt habe, sagt er: „Wenn Jugendliche Fragen haben, möchte ich antworten." Denn Fragen, die einen umtreiben, sind wie ein Same, der wachsen und Frucht bringen könne. Ob der Papst glücklich sei, wie er bete, was ihm Angst mache, welche Fehler er in seinem Leben gemacht habe, wollen sie wissen. Auf Letzteres antwortet Franziskus, er sei stur und irre sich

immer wieder. Doch obwohl er dickköpfig sei, habe er gelernt, anderen zuzuhören.
Am Ende überreichen sie dem Papst ein T-Shirt in den Farben der belgischen Fußballnationalmannschaft und fragen nach einer Prognose, wer die nächste WM gewinnt: Belgien oder Argentinien? Das habe er bereits mit der brasilianischen Präsidentin geklärt, scherzt Franziskus. Die habe ihm eröffnet, dass natürlich die Brasilianer gewinnen.
Als die Jugendlichen nach dem Abschied mit herzlichen Umarmungen wieder draußen auf der Straße stehen, löst sich die Spannung. Aufgeregt wie ein Hühnerhaufen reden sie durcheinander: „Wir waren beim Papst!" „45 Minuten Interview!" „Wir durften alles fragen, was wir wollten!"

Ein Deal mit dem Papst

Ein kleines Evangelienbuch immer dabeizuhaben, in der Jackentasche oder der Handtasche, und dann unterwegs täglich einen kurzen Abschnitt daraus zu lesen – das empfiehlt Franziskus bei einem Angelus im März 2014 seinen Zuhörern. Aber bei guten Ratschlägen bleibt es nicht. Anfang April lässt er diesen Worten Taten folgen und verschenkt beim Angelus auf dem Petersplatz mehre-

re Tausend Taschen-Evanglien, die die Päpstliche Druckerei extra für diesen Anlass produziert hat. „Nehmt es, tragt es mit euch, und lest es jeden Tag." Allerdings erbittet er auch eine Gegenleistung für das Geschenk, macht also eine Art Deal mit den Gläubigen: Sie sollen im Gegenzug für einen Nachbarn beten oder sich mit jemandem versöhnen.
Später an diesem Tag besucht er die Pfarrei San Gregorio Magno an der südlichen Peripherie von Rom. Das Viertel ist ein sozialer Brennpunkt; in der Pfarrei wird viel für Flüchtlinge, ehemalige Häftlinge und Suchtkranke getan. Auch hier verschenkt Franziskus die kleinen Taschen-Evanglien und sagt: „Lest darin, wenn ihr Schlangestehen müsst oder im Bus fahrt."

Sprache ist nicht alles

Federico Lombardi hat als Vatikansprecher die zugegebenermaßen nicht ganz leichte Aufgabe, die Botschaften des Papstes nach außen zu kommunizieren und eventuelle Missverständnisse aufzuklären. Wie er bei einem kirchlichen Medienkurs Ende April zugibt, steht er dabei immer wieder vor Rätseln. Er sei „perplex", wie undeutlich sich Papst Franziskus manchmal ausdrücke. Was er

sagt, lasse sich oft in ganz unterschiedliche Richtungen interpretieren. Das Apostolische Schreiben „Evangelii Gaudium" sei ihm im Zweifelsfall eine Hilfe, sagt Lombardi, wenn er wieder einmal nicht wisse, was der Papst genau meine.
Eine zweite Sache, die den versierten Vatikanmitarbeiter staunen lässt: Während Johannes Paul II. und Benedikt XVI. sich in mehreren Sprachen auszudrücken verstanden, kommt Franziskus mit nur zwei Sprachen aus, nämlich Italienisch und Spanisch. Trotzdem sei er ein „herausragender Kommunikator", gibt Lombardi zu und resümiert: Sprache ist zwar wichtig, aber eben nicht alles. Man kann durchaus auch auf andere Art kommunizieren. Dafür, dass eine Botschaft auch ohne viele Worte in aller Welt verstanden werden kann, ist Papst Franziskus der beste Beweis.

Taufe für Marsmännchen

Für Franziskus ist jeder in der Kirche willkommen. Geradezu überirdisch weit reißt er die Türen der Kirche bei einer Morgenmesse Anfang Mai in der Casa Santa Marta auf, als er sagt: „Wenn morgen eine Expedition von Marsmännchen käme, zum Beispiel – grün, mit langer Nase und großen

Ohren, so wie Kinder sie malen –, und eines von ihnen bittet um die Taufe, was würde dann passieren?" Auch diesem kleinen grünen Männchen dürfe die Taufe nicht verweigert werden, so der Papst. Mit dem ungewöhnlichen Bild eines Marsmännchens am Taufbecken gibt Franziskus seine Antwort auf eine aktuelle Debatte darüber, ob Kindern die Taufe verweigert werden sollte, wenn sich ihre Eltern von der Kirche distanzieren. Falls also demnächst irgendwo eine fliegende Untertasse landet, könnte es sein, dass da auch auf den Pfarrer Arbeit zukommt.

Die Franziskus-Bibliothek

Die Lieblingsbücher des Papstes werden ab Mai 2014 als 20-bändige „Franziskus-Bibliothek" herausgegeben. Erhältlich sind sie über einen Zeitraum von 20 Wochen jeweils mit einer Ausgabe der Zeitung „Corriere della Sera".

Schmökern mit dem Papst – die Idee ist gar nicht so abwegig. Schließlich war Bergoglio Mitte der 60er Jahre Lehrer für Literatur am Jesuitenkolleg seiner Heimat. Die Liste seiner Lieblingsautoren ist bunt und international: Dostojewski ist dabei, Friedrich Hölderlin, der argentinische Schriftsteller Jorge Luis Borges, der italienische Dichter Nino Costa und natürlich der Gründer des Jesuitenordens, Ignatius von Loyola. Die Vorworte werden jeweils von Weggefährten des Papstes verfasst.

Die Chemie stimmt

Auf seiner Reise ins Heilige Land begleiten Franziskus zwei Freunde aus Argentinien: der Rabbiner Abraham Skorka und der Muslim Omar Abboud. Abraham Skorka kennt er schon viele Jahre. Ihren christlich-jüdischen Dialog veröffentlichen sie sogar in Buchform. Skorka, der Rektor des lateinamerikanischen Rabbinerseminars in Buenos Aires, berichtet, dass sie dabei „ein tiefes Verständnis" füreinander entwickelt haben. Eine nette, wenn auch nebensächliche Übereinstimmung am Rande: Beide sind ausgebildete Chemiker, auch wenn Skorka, der promovierte Chemiker, weitaus höher qualifiziert ist als Bergoglio, der in jungen Jahren gerade einmal die Ausbildung zum Chemietechniker abgeschlossen hat. Man könnte sagen: Die Chemie stimmt.

Mauern niederbeten

Für viele ist es später das einprägsamste Bild der Papstreise. Auf dem Weg zum Krippenplatz in Bethlehem, wo er die Heilige Messe feiern wird, lässt Papst Franziskus spontan das Papamobil halten und steigt aus dem Wagen, um an einer Mauer, die Israel von den Palästinensergebieten trennt, still zu beten. Die etwa acht Meter hohe mit Stacheldraht bewehrte Betonmauer ist mit Graffiti besprüht: „Free Palestine" steht dort, und: „Pope, we need someone to speak about justice" („Papst, wir brauchen jemanden, der über Gerechtigkeit spricht"). Eine Hand und die Stirn an den Betonwall gelehnt, mit gesenktem Kopf und geschlossenen Augen – so steht Franziskus betend an dieser Mauer.

„Kommt in mein Haus!"

Bereits zwei Stunden nach seiner Ankunft im Heiligen Land sorgt Papst Franziskus für eine besondere Überraschung: Vor dem Gebet des Regina Coeli lädt er den Palästinenserpräsidenten Mahmud Abbas und den israelischen Staatspräsidenten Schimon Peres in den Vatikan ein, um gemeinsam mit ihnen für den Frieden zu beten. „Ich biete mein

Haus im Vatikan an“, sagt er, „um dieses Gebetstreffen zu beherbergen.“ Das ist keine diplomatische Geste, sondern eine ganz persönliche.
Beide Präsidenten nehmen die Einladung an, und sehr rasch steht ein Termin fest: Schon wenige Tage nach dem Ende der Papstreise, zum Pfingstsonntag 2014, findet das Gebetstreffen im Vatikan statt. Ob der Friedensprozess, der nach Vermittlungsversuchen der USA wenige Wochen zuvor ins Stocken geraten ist, dadurch wieder in Schwung kommt, wird zwar allgemein bezweifelt. Franziskus erläutert vor Journalisten, dass es ihm aber gar nicht um Friedensverhandlungen oder Vermittlungsversuche geht. Allerdings glaube er, „dass das Gebet wichtig ist und dass es hilft, zusammen ohne weitere Diskussionen zu beten“. Der Papst ist sicher nicht der Einzige, der an die Kraft des Gebets glaubt.

Symbolische Choreografie

Die Grabeskirche ist die wichtigste christliche Kirche: Sie befindet sich an der überlieferten Stelle der Kreuzigung und des Grabes Jesu und wird von vielen unterschiedlichen Konfessionen und Kirchen genutzt, ja, beinahe umkämpft. Wem welcher Teil der Kirche „gehört“, wer wann und wo beten darf, all das ist bis ins Detail genau – sogar gesetzlich – geregelt. Wenn unterschiedliche Glaubensrichtungen gleichzeitig Gottesdienst feiern, geschieht das nicht selten gegeneinander, indem man einander mit Orgel oder lautem Gesang übertönt. 2008 hatte es in der Kirche sogar eine Prügelei zwischen armenischen und griechischen Mönchen gegeben.

Das diplomatische Eis ist dünn. An der Ökumenischen Feier mit dem Papst nehmen Vertreter von etwa einem Dutzend verschiedener christlicher Kirchen teil, darunter Katholiken, Orthodoxe, Armenier, Lutheraner und Anglikaner. Jeder Teil der „Choreografie" ist dabei symbolisch aufgeladen. Patriarch Bartholomäus und Papst Franziskus betreten die Kirche durch unterschiedliche Eingänge, treffen sich in der Mitte und umarmen einander. Am Ende verlassen sie die Kirche gemeinsam. Beim Wortgottesdienst beten sie zum ersten Mal öffentlich das Vaterunser gemeinsam. Bei dem historischen Treffen zwischen Papst Paul VI. und Patriarch Athenagoras fünfzig Jahre zuvor war das noch nicht möglich gewesen.

Umarmung der Weltreligionen

In einer symbolischen Geste der drei Religionen umarmt Papst Franziskus an der Klagemauer seine beiden Reisebegleiter aus Argentinien: den Rabbiner Abraham Skorka und den Muslim Omar Abboud. Zu dritt stehen sie eng umschlungen vor der Mauer. Ihre Gesichter sieht man kaum, dafür fallen die recht ähnlichen Kopfbedeckungen ins Auge: das Pileolus des Papstes, die Kippa des Rabbis und die Takke des Muslims. Es ist ein Bild, das um die Welt geht. Was wie eine spontane Geste echter Freundschaft daherkommt, ist sicher auch eine bewusste Aktion: Es soll ein Zeichen dafür sein, dass ein freundschaftliches Miteinander der Religionen möglich ist.

Omar Abboud, der Generalsekretär des Interreligiösen Zentrums in Buenos Aires, kennt Franziskus schon seit 2002. Ihm ist natürlich bewusst, dass nicht überall auf der Welt der interreligiöse Dialog so gut funktioniert wie in seiner Heimat Argentinien. Von dort war er im Februar 2014 mit einer argentinischen Reisegruppe aus Juden, Muslimen und Christen ins Heilige Land gefahren. Auf dem Rückweg hatten sie Papst Franziskus im Vatikan besucht. Der ließ sich von der Aktion wohl inspirieren und sagte zu Abboud: „Lass uns zusammen ins Heilige Land fahren.“ So gehörte der Muslim überraschend zur päpstlichen Delegation.

VIEL SPORT UND EINE WEITE REISE

„Wir haben einen fantastischen Papst.
Ich bin ein Fan von Franziskus!“

Diego Maradona, Fußballstar

„Der Heilige Vater ist ein Mann von außergewöhnlicher Schaffenskraft und lateinamerikanischem Schwung.“

Erzbischof Georg Gänswein

Singen mit der „Samba-Schule“

Die Einigkeit der Christen ist für Papst Franziskus ein wichtiges Anliegen. Dabei geht er immer wieder auf andere zu, auch auf die charismatische Bewegung. Bereits Anfang 2014 hatte er mit einer Videobotschaft an Teilnehmer einer Konferenz der Pfingstgemeinden überrascht. Im Juni 2014 ist er dann erstmals selbst beim Jahrestreffen der charismatischen katholischen Gemeinschaft „Rinnovamento nello Spirito Santo“ im Olympiastadion in Rom dabei.

52 000 Menschen aus ganz Italien haben sich im Stadion versammelt, wo sonst die einheimischen Fußballklubs Lazio Rom und AS Roma spielen. Franziskus gesteht, dass er den Charismatikern in Buenos Aires anfangs eher skeptisch gegenüberstand: „Ich sagte über sie: ‚Die scheinen eine Samba-Schule zu sein!‘ Ich konnte mit ihrer Art zu beten nichts anfangen.“ Inzwischen hat er diese Meinung gründlich geändert und sieht „das Gute, das die Charismatische Erneuerung für die Kirche tut“. Im Olympiastadion singt er eins der Lieder „Vive Gesù, il Signore“ besonders inbrünstig mit, das er schon mit den Charismatikern in Argentinien gern gesungen hat. Und als die Gläubigen den Heiligen Geist auf ihn herabrufen, kniet er sich

hin. Dann warnt er vor Machtkämpfen, denn die Einheit kommt vom Heiligen Geist, so Franziskus.

Immer wieder Fußball

Ein sportliches Großereignis macht im Sommer 2014 auch vor den Toren des Vatikans nicht halt: die Fußball-WM. Auch wenn Papst Franziskus Einladungen zum gemeinsamen Fußballgucken stets ausschlägt und sich auch sonst völlig neutral äußert, so ist seine Leidenschaft für das runde Leder natürlich längst bekannt. Inzwischen hat er von diversen Fußballklubs so viele T-Shirts geschenkt bekommen, dass er mehrere Mannschaften damit einkleiden könnte. Tragen wird er wohl keines davon. Immerhin: Dass die Fußball-WM mit einer besonderen Geste vor dem Eröffnungsspiel beginnt, ist die Idee des Papstes. Wichtig ist ihm dabei, dass ein Zeichen des Friedens gesetzt wird. Die Idee entstand bei einer kurzen Privataudienz mit dem Präsidenten des Weltfußballverbandes Sepp Blatter. „Franziskus wollte, dass man einen Olivenbaum auf dem Feld einpflanzen sollte. Das darf man aber wegen der Fifa-Regeln nicht machen“, berichtet Blatter. „Dann sagte er, dass wir doch eine Friedenstaube fliegen lassen sollten. Und das wird nun auch gemacht." Tatsächlich steigt vor dem Eröffnungsspiel zwischen Brasilien und Kroatien dann eine Friedenstaube vom Spielfeld aus in den Himmel.

Papstbotschaft zur WM

Eine weitere Besonderheit zur WM: Papst Franziskus wendet sich mit einer Videobotschaft an alle Teilnehmer, Fans und Zuschauer. Die Botschaft wird am Vorabend der Eröffnung im brasilianischen Fernsehen gesendet. Franziskus ruft die „lieben Fußballfans" dazu auf, die WM zu einem „Fest der Solidarität unter den Völkern" zu machen. „Der Sport ist die Schule des Friedens", sagt er und erklärt auch gleich, was beim Fußball ebenso wie beim Bemühen um Frieden in der Welt wichtig ist: erstens das Training, zweitens Fair-Play und drittens der Respekt füreinander, also auch für den Gegner.

Und Franziskus betont eine weitere Parallele zwischen dem Fußball und dem wahren Leben: Einzelgänger können nicht gewinnen: „Niemand gewinnt alleine, weder auf dem Platz noch im Leben! Niemand darf sich isolieren oder sich ausgeschlossen fühlen! Ja, am Ende dieser Weltmeisterschaft hebt nur eine Nationalmannschaft den Pokal als

Sieger in die Höhe, aber wenn wir die Lehren, die der Sport uns gibt, annehmen, dann sind wir alle Sieger und stärken die Bande, die uns einen."

Franziskus wird „Kapitän"

Besonders sportlich wird es bei einem Treffen von Papst Franziskus mit 50 000 Sportlern des Italienischen Sportzentrums CSI (Centro Sportivo Italiano). Der Petersplatz wird zu einem großen Sportplatz mit mehreren Spielfeldern. Auch der Papst bekommt einen Ball in die Hand gedrückt, und ein paar Basketballspieler zeigen ihm, wie er diesen auf einem Bleistift balancieren kann. Franziskus wird von den Organisatoren kurzerhand zu ihrem „Kapitän" ernannt. Daraufhin gibt er den Sportlern gleich eine Botschaft mit auf den Weg: „Als euer Kapitän sporne ich euch an, nicht in der Verteidigung zu spielen und zu mauern, sondern im Angriff zu spielen, gemeinsam unser Spiel zu spielen: das Spiel des Evangeliums." Auch bei diesem Spiel sei es wichtig, „sich nicht mit einem mittelmäßigen ‚Unentschieden' zufrieden zu geben". An die Trainer der Sportvereine gewandt bittet er, nicht nur die Besten im Sport mitspielen zu lassen, sondern allen eine Chance zu geben.

Mafiosi exkommuniziert

Es ist ein Paukenschlag. Und sofort beginnen die Diskussionen: Ist das eine gültige Exkommunikation? Kann das der Papst einfach so machen? Tatsache ist: Deutlicher hätte die Botschaft von Franziskus bei seinem Besuch in Kalabrien kaum sein können: „Jene, die in ihrem Leben diesem Weg des Bösen folgen, wie die Mafiosi, stehen nicht in Gemeinschaft mit Gott: Sie sind exkommuniziert!" Die Worte fallen während einer Predigt beim Pastoralbesuch im Bistum Cassano allo Jonio. Die strukturschwache Region hat seit Jahren mit der Mafia zu kämpfen. Hier hat die Mafia scheinbar überall ihre Finger im Spiel. Oft genug auch in der Kirche.

Laut katholischem Kirchenrecht können nicht ganze Gruppen von Menschen exkommuniziert werden, sagen die einen. Es gibt verschiedene Arten der Exkommunikation im Kirchenrecht, sagen die anderen, und im Fall der Mafia hätte es einen Urteilsspruch des Papstes nach einem ordentlichen Prozess geben müssen. Wieder andere verweisen darauf, dass allein die Mitgliedschaft in der Mafia die Exkommunikation nach sich ziehe, wie es die sizilianischen Bischöfe 1994 in einem Pastoralpapier festgehalten haben. Ob Papst Franziskus die kirchenrechtlichen Details vorher bedacht hat?

Sicher ist: Seine Worte bleiben im Gedächtnis und ermutigen die Menschen, die der Mafia Widerstand leisten.

Des Kaisers neue Kleider

„Diese Wirtschaft tötet." An diesen Satz aus dem Apostolischen Schreiben „Evangelii Gaudium" fühlt man sich häufig erinnert, wenn Papst Franziskus die Auswüchse des Kapitalismus kritisiert. Immer wieder prangert er an, dass das Wirtschaftssystem nicht den Menschen diene, sondern dass es das Geld in den Mittelpunkt stellt. Ausbeutung und Hunger sind die Folgen. Im Juni 2014 spitzt er diese Kritik in einem Interview mit der spanischen Zeitung „La Vanguardia" noch stärker zu: Das weltweite Wirtschaftssystem bezeichnet er darin als „unerträglich". Damit es fortbestehen kann, werden Kriege geführt, denn der Verkauf von Waffen ist für führende Wirtschaftsnationen eine wesentliche Einnahmequelle. Solche Worte sind natürlich schwer zu schlucken. Kritiker werfen Papst Franziskus gern Naivität vor. Er klinge beinahe wie ein Kommunist oder Marxist Anfang des 20. Jahrhunderts, sagen sie.

Dennoch bekommt der Papst Unterstützung ausgerechnet vom britischen „Economist", einer der wichtigsten Wirtschaftszeitungen. Dort meint man, auch wenn der Papst kein Wirtschaftswissenschaftler sei und keine präzisen Analysen oder gar Lösungen biete, so habe er doch eine verlässliche Intuition und stelle die richtigen Fragen. „Wie der kleine Junge im Märchen, dem auffällt, dass der Kaiser nackt ist."

Verärgerte Waffenlobby

An einem ungewöhnlich heißen Tag Mitte Juni spricht Franziskus bei seiner wöchentlichen Generalaudienz eigentlich über die Gottesfurcht als Gabe des Heiligen Geistes. Dabei kommt er aber auch auf Themen wie Menschenhandel und Rüstungsindustrie zu sprechen. Waffenhersteller, was das eigentlich für ein Beruf sei, fragt er entrüstet. „Sie stellen den Tod her", fasst er prägnant zusammen.

Es ist nicht das einzige Mal, dass der Papst so deutlich gegen die Rüstungsindustrie wettert. Und er macht sich nicht nur Freunde damit. Besonders die US-Waffenlobby ist verstimmt. Immerhin hat der Papst ihnen unterstellt, keine guten Christen zu sein. Dabei gehört gerade in den USA die persönlich demonstrierte Frömmigkeit von Politikern zum guten Ton. US-Senator Marco Rubio, ein Unterstützer der Waffenlobby, betont beispielsweise, dass er den politischen Kurs des Papstes nicht teile. Die Außenpolitik der USA brauche nicht weniger militärische Aktionen. Nun ist Franziskus in den USA nicht nur als „Kommunist“ verschrien, sondern auch noch als Pazifist.

„Das gibt Krieg“

Für den Vatikan ist es eine reizvolle Konstellation, dieses WM-Achtelfinale Argentinien gegen die Schweiz am 1. Juli 2014. Vor allem natürlich aus Sicht der Schweizergardisten. Sie treffen sich zum gemeinsamen Fußballschauen in ihrer Kaserne und laden an diesem Dienstagabend auch den Papst dazu ein. Vorher hatte er im Gästehaus Santa Marta noch mit den Schweizergardisten gescherzt und mit Blick auf die Partie gesagt: „Das wird Krieg geben.“ Und obwohl der Papst der Einladung dann doch nicht folgt, ist die Vorfreude im Vatikan groß. Bereits vor dem Anpfiff werden in den sozialen Netzwerken Karikaturen und lustige Fotomontagen verbreitet. Auf einer Karikatur, die auch der vatikanische Pressedienst verbreitet, sind jubelnde Schweizergardisten und ein grimmig dreinblickender Papst mit argentinischem Fanschal zu sehen.

Nach dem Spiel, bei dem Argentinien nur knapp und mit einigem Glück gewinnt, kursieren wilde Spekulationen darüber, inwieweit der Papst da möglicherweise seine Finger im Spiel gehabt haben könnte. Hat er gar heimlich seine Nationalmannschaft ins Viertelfinale gebetet? Das vermuten nicht wenige Argentinier, die kurz vor dem Ende der Nachspielzeit – es stand 1:0 für Argentinien – mit ansehen mussten, wie der Schweizer Blerim Dzemaili den Ball per Kopfstoß in Richtung argentinisches Tor kickte. Der Ball traf den rechten Pfosten, prallte dann zurück ans Schienbein des Schützen und von dort ins Aus. Argentinien gewann und die Zeitung „Olé“ sprach daraufhin vom „Palo de Dios“, dem Pfosten Gottes.

Duell der Päpste

Von den Medien wird es geradezu zum Duell der Päpste hochstilisiert: das Endspiel der WM zwischen Argentinien und Deutschland. Einiges Wunschdenken ist natürlich dabei, wenn darüber spekuliert wird, wie Franziskus und Benedikt gemeinsam das Spiel sehen und dabei mit der jeweiligen Mannschaft mitfiebern. Die Realität sieht anders aus. Tatsächlich sieht keiner der

beiden das Spiel live, wie Georg Gänswein zu berichten weiß. Und in kämpferischer Stimmung ist Franziskus nur bedingt. Er regt stattdessen eine „Pause für den Frieden“ an, eine weltweite Waffenruhe für den Tag des Finales beziehungsweise eine Pause der Stille. Auf Twitter schreibt er dazu: „Die Weltmeisterschaft führte Menschen verschiedener Länder und Religionen zusammen. Möge der Sport stets die Kultur der Begegnung fördern.“
Für beide Mannschaften wird im Vatikan an diesem Tag trotzdem gezittert: Auf der einen Seite drücken im Kloster Mater Ecclesiae Georg Gänswein und die Haushälterinnen von Benedikt XVI. die Daumen für das deutsche Team, auf der anderen Seite fiebert eine Gruppe von argentinischen Fans zusammen mit dem argentinischen Papstsekretär Don Fabio mit der Albiceleste.

Drei Stunden Zuhören

Es ist das erste Treffen von Papst Franziskus mit Missbrauchsopfern: Am 7. Juli 2014 sind die sechs Männer und Frauen aus Deutschland, England und Irland bei der Morgenmesse dabei. Der Papst bittet in seiner Predigt um Vergebung. Nach einem gemeinsamen Frühstück nimmt er sich dann

Zeit – ganze drei Stunden lang – und hört einfach zu. Danach schildert ihn Vatikansprecher Federico Lombardi als „erschöpft und erschüttert". Die Betroffenen seien dankbar für diese Art des Zuhörens gewesen. Ein formales Treffen hätte sicher viel kürzer gedauert. Ein Jesuit und Psychologieprofessor, der die beiden Deutschen begleitet, meint: „Das ist auch eine starke und deutliche Aufforderung an Bischöfe, es ihm gleich zu tun und sich die Zeit zu nehmen."

„Heiliger Vater, könnten Sie bitte das Salz rüberreichen?"

In der Vatikanmensa sitzen an langen Tischen und auf einfachen Holzstühlen sonst die Arbeiter des Vatikans: vor allem Techniker und Handwerker, Elektriker, Klempner, Schlosser ... Der Chef persönlich ist hier noch nie vorbeigekommen. Entsprechend überrascht sind die Mitarbeiter, als an diesem Freitagmittag im Juli 2014 plötzlich der Papst auftaucht, ein Tablett und Besteck nimmt und sich in die Schlange einreiht. Es gibt Fisch, und Franziskus wählt dazu Pasta, Gemüse, einen Apfel und eine Flasche stilles Mineralwasser und setzt sich zu einer Gruppe von Lagerarbeitern der Vatikan-Apo-

theke an den Tisch. Er bleibt lange, unterhält sich mit den Menschen. Sie berichten von ihrer Arbeit, er erzählt von den italienischen Wurzeln seiner Familie. Auch sonst sind es ganz normale Gesprächsthemen – Fußball, Wirtschaft und ähnliches – bis sie der Papst zum Schluss alle segnet.
Die Mitarbeiter der Kantine können es kaum fassen. Die Kassiererin traut sich gar nicht, ihm die Rechnung zu geben, und der Leiter, Franco Paìni, berichtet: „Es war eine echte Überraschung! Wer wartet schon auf so etwas? Der Papst kommt, um bei uns zu essen?! Er hat uns völlig auf dem falschen Fuß erwischt, aber es war eine der größten Genugtuungen, die dir passieren können ... Wir wurden ihm vorgestellt, er hat gefragt, wie es uns geht und wie die Arbeit ist, dann hat er uns gelobt ... es war ganz wunderbar. Bitte entschuldigen Sie, ich bin noch ganz aufgewühlt!“

In der Höhle des Löwen

Feuerland“ (Terra dei Fuochi) wird die Gegend zwischen Caserta und Neapel auch genannt, weil hier Hunderte illegaler Mülldeponien brennen. Betrieben von der Mafia, die in dieser Gegend das Sagen hat. Seit den 1970er Jahren gibt es die

Deponien. Industriemüll, toxischer und angeblich auch radioaktiver Müll verseucht hier die Umwelt. Die Bauern werden von der Mafia gezwungen, Industrieschlamm auf ihre Felder zu kippen. Nun kommt der Papst. Anlass für die Reise am 26. Juli 2014 ist das Patronatsfest des Bistums Caserta. Der Besuch ist für die Bevölkerung vor allem ein Hoffnungszeichen. „Hier sind viele Dinge in der Erde begraben", sagt der Bischof Giovanni D'Alise.

Es ist ein verregneter Sommer in Süditalien. Hunderttausende Besucher schützen sich mit Regenumhängen und Schirmen gegen Regengüsse. Doch dann, als Papst Franziskus mit der Messe beginnt, kommt plötzlich die Sonne hervor. Als er die Menschen ermutigt, „nein zu sagen zu jeder Form der Korruption und Gesetzeslosigkeit", applaudieren sie. Den Besuch in der Höhle des Löwen übersteht Franziskus – vielleicht auch dank der erhöhten Sicherheitsvorkehrungen – unbeschadet.

Sensationelle Vergebungsbitte

Bereits zwei Tage nach der Reise nach Caserta besteigt Franziskus erneut den Helikopter und fliegt noch einmal in die Stadt. Er möchte einen alten Freund aus Argentinien besuchen: den evangelikalen Pastor Giovanni Traettino. Was jedoch als rein private Reise angekündigt war, wird viel mehr. Die Freundschaft der beiden hatte bereits 1998 in Buenos Aires begonnen. Nun wollen sie gemeinsam ein konkretes Zeichen der Ökumene setzen. Bei der Begegnung mit 200 Mitgliedern der Pfingstgemeinde bittet der Papst um Vergebung für die Verfolgung der Pfingstgemeinden durch Katholiken. In Rom galten die Charismatiker lange Zeit als Sekte. Ein wichtiger Schritt für die Ökumene, finden nicht nur die Medien. Traettino würdigt den Einsatz des Papstes: „Sie haben sich nicht mit einem Dokument begnügt. Sie sind persönlich gekommen." Passenderweise war der Ort der Begegnung die Versöhnungskirche.

Noch ein Franziskus

Der Papstbesuch wird von einem Fährunglück überschattet, das bereits einige Wochen zurückliegt. Über 300 Menschen, darunter vor allem Jugendliche, waren beim Untergang der südkoreanischen Fähre „Sewol" ums Leben gekommen. Franziskus trifft sich mit Angehörigen der Opfer, einer von ihnen, der 56-jährige Lee Ho-jin, bittet ihn dabei um die Taufe. Darauf hatte er sich bereits vor dem

Tod seines Sohnes vorbereitet. Nun findet die Taufe in einem kleinen, sehr persönlichen Rahmen statt. In der Kapelle der Vatikanbotschaft in Seoul tauft und salbt Franziskus Lee Ho-jin persönlich, ein koreanischer Jesuitenpater übersetzt. Der Taufname: Franziskus.

„Ich habe schwierig“

Fremdsprachen sind zugegebenermaßen nicht die größte Stärke von Franziskus. Meist verständigt er sich auf Italienisch oder Spanisch. Mit Englisch und Deutsch kommt er immerhin einigermaßen gut zurecht. Ein Hindernis für die Verständigung in Südkorea ist das aber nicht. Seine Reden sind auf Englisch vorbereitet, und wenn er von der vorbereiteten Rede abweicht, nimmt er Mimik und Gesten zu Hilfe.

Bei einem Glaubensgespräch mit Jugendlichen müht er sich damit ab, ein paar Sätze frei auf Englisch zu formulieren, und sagt, bevor er wieder ins Italienische wechselt, mit einer gewissen Selbstironie: „I have a great difficult. I have a poor English“. Das erinnert ein wenig an Trapattonis „Ich habe fertig“. Die Anspannung löst sich in Heiterkeit auf.

Franziskus-Effekt auf Koreanisch

Was bei uns als Franziskus-Effekt bezeichnet wird, hat seit der Koreareise auch einen schönen koreanischen Namen: „Gong-Gam-Stil“. Wörtlich übersetzen kann man das kaum, höchstens umschreiben: Es ist die Fähigkeit, in eine Gemeinschaft mit anderen zu treten. Einfühlungsvermögen gehören dazu, aber auch Talent zur Kommunikation. Die koreanischen Medien sind begeistert von Franziskus und meinen sogar, dieser Papst könne „Koreas Wunden heilen“. Interessanterweise gelten für den Franziskus-Effekt also keine Sprachgrenzen, und auch Mentalitätsunterschiede halten ihn nicht auf. Er ist nicht einmal, obwohl Kommunikation das Schlüsselwort ist, an Fremdsprachenkenntnisse gebunden. Irgendwie scheint doch der Heilige Geist dahinter zu stecken.

Die Blumen eines kleinen Mädchens

Wie nach jeder Reise geht Franziskus gleich nach der Rückkehr nach Rom noch in die Kirche Santa Maria Maggiore, um dort zu beten. Der Muttergottes dankt er dabei für den guten Verlauf der Korea-Reise mit einem Strauß Blumen.

Eigentlich sollten das Blumen in den Nationalfarben Koreas sein, doch Franziskus entscheidet sich spontan anders: Am Morgen der Rückreise hatte ihm ein kleines Mädchen einen Rosenstrauß geschenkt, als er die Nuntiatur von Seoul verließ. Die Begebenheit schildert Franziskus im Flugzeug den mitreisenden Journalisten und sagt: „Bringen wir der Muttergottes genau diese Blumen eines kleinen Mädchens aus Korea."

Urlaub zu Hause

Es ist für die mitreisenden Journalisten eine höchst spannende Stunde: die Pressekonferenz während des Rückflugs von Korea. Bei einem Papst, der Klartext redet, der bei vielen Dingen auf Reformkurs geht und sich auf politisch schwieriges Parkett begibt, sind die Überraschungen fast vorprogrammiert. Was hat er diesmal parat?
Die Journalisten stellen neben politischen Fragen auch persönliche. Und der Papst antwortet persönlich. Einen Amtsverzicht so wie sein Vorgänger Benedikt XVI. kann er sich selbst auch vorstellen. Franziskus hat sogar das Gefühl, sein Pontifikat werde nicht mehr lange dauern: „zwei oder drei Jahre, und dann ... zum Haus des Vaters."

Als er darauf angesprochen wird, dass er keinen Urlaub mache und sich auch sonst kaum Pausen gönne, erklärt er, das sei eine persönliche Macke. Er mache Urlaub lieber zu Hause. Auch Buenos Aires habe er seinerzeit kaum verlassen. Und wie sieht sein Urlaub aus? „Ich ändere den Rhythmus. Ich schlafe mehr, lese die Dinge, die mir gefallen, höre Musik, bete mehr ... Und das ist meine Erholung. Im Juli und einem Teil vom August habe ich das getan, und das ist gut so." Solche Macken müsse man liebevoll behandeln, scherzt Franziskus, also „ihnen jeden Tag Matetee geben".

Anruf in irakischem Flüchtlingscamp

Gleich nachdem Papst Franziskus von seiner Asien-Reise zurück ist, ruft er in einem Flüchtlingslager im Irak an. Die Not der Menschen dort, die vor dem Terror des „Islamischen Staates" fliehen, bewegt ihn schon länger. Bereits Anfang August 2014 ernennt er Kurienkardinal Fernando Filoni zum Sondergesandten für den Irak und schickt ihn mit einer Spende für schnelle Hilfe zu den Flüchtlingen im Irak. Nach einer Besprechung mit dem Papst meint Kardinal Filoni: „Am liebsten wäre Papst Franziskus, denke ich, selbst gefahren, um vor Ort inmitten der armen Menschen zu sein."

Auch bei der fliegenden Pressekonferenz ist der Irak Thema, und Franziskus betont, er sei bereit, in den Irak zu reisen. Er deutet an, dass hinter den Kulissen schon Vorbereitungen laufen. Noch während des Fluges erreicht den Papst auf abenteuerlichem Weg ein Hilferuf aus einem provisorischen Flüchtlingscamp im Norden Iraks: Ein Priester aus dem Lager hatte einen Brief per E-Mail an einen befreundeten Journalisten geschickt, der den Papst auf der Korea-Reise begleitet. Dieser druckt den Brief, in dem der Priester die Not der Flüchtlinge schildert, aus und überreicht ihn Franziskus während des Rückflugs.

Franziskus wartet nicht lange: Direkt am Morgen nach seiner Rückkehr ruft er den Priester an. Er ermutigt die verfolgten Christen und die freiwilligen Helfer, hört zu, segnet sie am Ende. Es ist – neben allem, was an diplomatischer Arbeit sonst noch geschieht – ein kleines, aber sehr persönliches Zeichen.

WIR SIND EINE FAMILIE

„Franziskus ist der Papst, der ernst macht mit einer besonderen Aufmerksamkeit für die Armen.
Er ist den Menschen unmittelbar zugewandt."

Annette Schavan

„Ich bin Anfang der Achtziger aus der Kirche ausgetreten, aber ich könnte mir vorstellen, dass ich Mitglied geblieben wäre, wenn wir damals schon Papst Franziskus gehabt hätten."

Wolfgang Niedecken, Sänger von BAP

„Ich habe das gesehen, als der Papst mit seinen Gesprächspartnern sprach: die Macht des Herzens. Er sieht im anderen wirklich einen Bruder."

Kardinal Jean-Louis Tauran, der Verantwortliche des Heiligen Stuhles für den Dialog mit dem Islam

Wie grüße ich den Papst?

Während der Familiensynode kann man beobachten, wie der Papst jeden Morgen zur Synodenaula geht und welche amüsante Entwicklung das nimmt. Die Schweizergardisten am Eingang der Synodenaula stehen stramm und salutieren, wenn der Chef auftaucht. An einem der ersten Tage – da sitzt dem Papst wohl der Schalk im Nacken – imitiert der Papst diese Geste, hebt die Hand zum Scheitelkäppchen und grüßt einen der Schweizergardisten ebenso ehrerbietig zurück. Die jungen Schweizer können einem schon ein wenig leidtun. Da wollen sie nun alles richtig machen, und dann das! In den darauffolgenden Tagen begrüßen sich Papst und Schweizergardist dann einfach mit Handschlag.

FC Bayern beim Papst

Die meiste Zeit ist der FC Bayern ja ohnehin auf der Siegerstraße unterwegs. Als besonderes Highlight ragt im Oktober 2014 aber eine Audienz bei Papst Franziskus heraus. Tags zuvor spielen die Bayern noch gegen den AS Rom und gewinnen 7:1. Am Mittwoch, den 22. Oktober, werden sie dann vom Papst empfangen. Als Gastgeschenk überreichen Philipp Lahm und Manuel Neuer ein Bayerntrikot mit der Rückennummer 1 (eigentlich dem Torwart vorbehalten) und dem Namen „Franziskus". Alle Spieler haben darauf unterschrieben. Und sie kündigen eine Millionenspende für karitative Zwecke an; ein Freundschaftsspiel soll die Summe erbringen. Der Papst verteilt Rosenkränze. Und was sagt er zum 7:1? Da bleibt er diplomatisch: „Ich habe gehört, welches Resultat gestern Abend herauskam. Dazu möchte ich sagen: no comment!"

Am liebsten Milchkaramell

Bevor David Geisser Schweizergardist wird, hat er nicht nur eine Lehre als Koch begonnen, sondern bereits zwei Kochbücher veröffentlicht. Im Oktober 2014 folgt das dritte Buch, das die Lieblingsgerichte bekannter Persönlichkeiten aus dem Vatikan enthält. Darunter sind neben Offizieren der Schweizergarde auch Georg Gänswein (Kalbsschnitzel mit Rohschinken und Salbei), Kardinal Koch (Wiener Schnitzel mit Pommes Allumettes) und natürlich der Papst.
Für ihn hat sich der junge Koch ein ganzes Menü ausgedacht. Ganz wichtig ist dabei das Dessert

Dulce de Leche, eine karamellfarbene Süßspeise, die fast nur aus Milch und Zucker besteht. Geisser hat zwar nicht die Gelegenheit, den Papst selbst nach seinem Lieblingsessen zu fragen, aber er hält die Augen offen und beobachtet: „Pilger aus Argentinien bringen immer dieses wunderbare Gebäck von einem ganz bestimmten Geschäft mit. Es ist gefüllt mit Dulce de Leche (Milchkaramell) – und der Papst mag dieses Gebäck sehr." Das Buch heißt passenderweise „Boun Appetito".

Duschen für Obdachlose

Der Päpstliche Almosengeber, Erzbischof Konrad Krajewski, stellt fest: Es gibt deutlich mehr Spenden seit dem Amtsantritt von Franziskus. „Die Aufmerksamkeit der Menschen für Arme und Bedürftige ist seit diesem Pontifikat deutlich größer geworden", sagt er. Und Papst Franziskus ermuntert seinen Almosengeber ausdrücklich, mit konkreten Hilfsaktionen die finanziellen Rücklagen aufzubrauchen: „Dein Konto steht gut, wenn es leer ist. Dann kann man es auffüllen."

Eine auf den ersten Blick ungewöhnliche, aber sehr einleuchtende Idee kommt Erzbischof Krajewski, als er einen Obdachlosen an dessen 50. Geburts-

tag zum Essen in ein Restaurant einladen will. Der Mann hat Skrupel, weil er „stinke". In Rom, so ließ ihn der Obdachlose wissen, sei es eher ein Problem, einen Ort zum Waschen zu finden als eine Mahlzeit. So werden im November 2014 an der Nordseite der Kolonnaden direkt unter den Fenstern des Apostolischen Palastes kostenfreie Duschen für Obdachlose installiert. Die Benutzer bekommen dort auch frische Unterwäsche.
Eine weitere Gelegenheit, gemäß päpstlichem Auftrag das Konto zu leeren, findet das Päpstliche Almosenamt ebenfalls im November 2014: Bedürftigen Familien in Rom wird ein Teil der Strom- und Wasserrechnung bezahlt.

Die Papst-Lotterie

Um das Konto des Päpstlichen Almosenamtes wieder aufzufüllen – gerade in der kalten Jahreszeit ist die Not oft groß –, stellt der Papst spontan Geschenke zur Verfügung, die er seit Beginn seines Pontifikats erhalten hat. Was soll der Papst auch selbst mit einem Tandem, mehreren Fahrrädern, Uhren, Kaffeemaschinen und Videokameras machen? Tatsächlich stapeln sich die Geschenke, für die er kaum Gelegenheit zur Verwendung hat.

Diese werden in einer Lotterie verlost. Jeder kann daran teilnehmen. Die Lose werden unter anderem in der Vatikanbuchhandlung und in den Museen für zehn Euro das Stück verkauft; der Erlös wird direkt für Hilfsprojekte verwendet. Erster Preis der Lotterie ist übrigens ein Fiat Panda mit Allradantrieb.

Rekorde in Straßburg

Einerseits ist es nur eine kurze Stippvisite – mit nicht einmal 4 Stunden die kürzeste Papstreise der Kirchengeschichte –, andererseits hat sie das Potenzial für Superlative. Am 25. November 2014 spricht Franziskus vor dem Europaparlament und als erster Papst auch vor dem Europarat. Schon vorher zeichnet sich das Rekordinteresse der Presse ab. Kein anderer Redner vor ihm zieht so viele Journalisten ins EU-Parlament. 900 Journalisten sind es, selbst beim Dalai Lama waren weniger.

Was ist also die Botschaft des Argentiniers für Europa? Einerseits meint Franziskus, Europa wirke alt und müde. Und er kritisiert natürlich den Umgang mit Flüchtlingen: „Man kann nicht hinnehmen, dass das Mittelmeer zu einem großen Friedhof wird." Aber er macht auch Mut. Es könne gelingen, ein

Europa für die Menschen statt für die Wirtschaft zu schaffen. Recht oft wird seine Rede vor dem Parlament von Applaus unterbrochen; ein Zeichen, dass die Botschaft positiv aufgenommen wird.

Ein Wiedersehen nach 30 Jahren

Dass Papst Franziskus gut Deutsch spricht, verdankt er einem zweimonatigen Sprachkurs 1985 am Goethe-Institut in Boppard, einem beschaulichen Städtchen am Rheinufer südlich von Koblenz. Während dieser Zeit wohnte der damals 48-jährige Bergoglio zur Untermiete bei Helma und Josef Schmidt.

Schon damals habe er Kontakt zu anderen Menschen gesucht, erinnert sich Helma Schmidt an den Gast, und „selten alleine in seinem Zimmer gesessen". Den Kontakt haben sie über mehr als 20 Jahre gehalten. Zu Ostern, Weihnachten und auch zu anderen Gelegenheiten gingen Briefe zwischen Boppard und Buenos Aires hin und her. Er schrieb stets gut leserlich auf Deutsch.

Nach beinahe 30 Jahren gibt es im Herbst 2014 ein Wiedersehen. Helma Schmidt, inzwischen immerhin 97 Jahre alt, ist extra nach Straßburg gefahren, um ihren ehemaligen Gaststudenten, der nun

Papst ist, bei seiner Visite beim Europaparlament zu treffen. Einige Wochen zuvor hatte sie Franziskus einen Brief geschrieben, und der Ministerpräsidentin von Rheinland-Pfalz, Malu Dreyer, mitgegeben, die einen Termin beim Papst hatte. Die handschriftlichen Zeilen seiner ehemaligen Gastgeberin haben ihn „sehr berührt", berichtet Dreyer später. Entsprechend herzlich ist das Wiedersehen in Straßburg.

Einfach beten!

Die Aufregung ist groß nach dem Besuch des Papstes in der Blauen Moschee in Istanbul. Hat er dort gebetet oder nicht? Mit dem Großmufti Rahmi Yaran steht er vor der Gebetsnische, beide haben das Gesicht gen Mekka gewandt. Der Großmufti betet unverkennbar. Aber der Papst? Die Augen hat Franziskus geschlossen, die Hände gefaltet, seine Lippen bewegen sich aber nicht. Es ist eine heikle Situation, in der leicht der Vorwurf von Religionsvermischung erhoben werden könnte. Vatikansprecher Federico versucht bereits im Vorfeld möglichen Missverständnissen vorzubeugen und lässt verlauten, in der Moschee werde es höchstens einen Moment der „stillen Anbetung" geben, denn es sei „klar, dass man bei einem Christen in einer Moschee nicht von einem formalen Gebet sprechen kann."

Beim Rückflug von Istanbul fragt eine türkische Journalistin genauer nach. Und wie sich herausstellt, hat Franziskus keine Skrupel zu beten, wo und wann es ihn „überkommt": „Als ich in die Moschee ging, konnte ich nicht auf einmal sagen: ‚So, und jetzt bin ich Tourist!' Nein, es war alles religiös. Der Mufti erklärte mir alles ganz genau, mit großer Sanftmut, und auch mit Hilfe des Korans, wo von Maria und Johannes dem Täufer die Rede ist. ... Und in dem Moment verspürte ich das Bedürfnis zu beten. Und ich sagte: ‚Wollen wir ein wenig beten?' – ‚Ja, ja', stimmte er mir zu. Und da habe ich gebetet: für die Türkei, für den Frieden, für den Mufti ... für alle ..."

Ich bin bei euch!

Die irakischen Christen in den Flüchtlingscamps gehen Franziskus auch und gerade in der Advents- und Weihnachtszeit nicht aus dem Kopf. Nachdem er bereits im Sommer 2014 in einem der Camps angerufen hat, schickt er Anfang Dezember eine Videobotschaft nach Erbil in die Autonome Region Kurdistan, wo sie vor

Flüchtlingen aus dem Irak gezeigt wird. Darin bedauert Franziskus, dass er die Menschen nicht selbst besuchen könne, spricht ihnen Mut zu und bedankt sich für ihre Treue zum christlichen Glauben.
Am Heiligabend ruft er dann erneut in Erbil an. Während eines Gottesdienstes, den mehrere Hundert Flüchtlinge feiern, wird er live hinzugeschaltet und sagt: „Ihr feiert jetzt die heilige Messe, und ich bin bei einem jeden von euch in diesem Gottesdienst – eine Umarmung euch allen." Es gibt ein paar Hindernisse. Das Telefonat wird über eine Satellitenverbindung eines italienischen Fernsehsenders möglich. Allerdings bricht sie während des Telefonats zusammen. Franziskus spricht daraufhin weiter, wendet sich an den Moderator im Fernsehstudio. Und das Ende seiner frei gehaltenen Ansprache mit einem Segen wird aufgezeichnet, um sie später den Flüchtlingen zuschicken zu können.

Papst-Comic

Papst Franziskus als Comicheld – das ist neu! In Italien gibt es zwar bereits mehrere Papst-Zeitschriften, doch die sind alle für Erwachsene. Im Dezember 2014 kommt eine Kinderzeitschrift hinzu. Sie heißt einfach „Papa Francesco“, ist bunt illustriert und enthält Comics, Rätsel und Abziehbilder. „Hat die Welt das gebraucht“, mag man sich fragen, aber die Zeitschrift hat einen ernsthaften Anspruch: Die Botschaften des Papstes soll den Kleinsten vermittelt werden. Da sieht man beispielsweise einen großäugigen Franziskus inmitten von Giraffen, Tigern und Eulen, in einer Sprechblase die Aufforderung, Tiere gut zu behandeln, denn sie seien schließlich Geschöpfe Gottes. Auf einem anderen Bild sagt der Comic-Franziskus zu einem kleinen Jungen: „Sag Mama und Papa, dass sie mit dir spielen sollen, dann ist Papst Franziskus zufrieden.“ Nur die Sache mit den Ausmalbildern scheint nicht ganz durchdacht. Schließlich trägt der Papst fast immer Weiß.

Angriffsfreudiger Libero

Wenn er Papst Franziskus in einer Fußballmannschaft unterbringen sollte, so überlegt der italienische Nationaltrainer Antonio Conte in einer Fernsehsendung, würde er ihn „vor den Verteidigern aufstellen“. Erzbischof Georg Gänswein, der ebenfalls zu der Sendung eingeladen ist, stimmt dem Cheftrainer zu: „Papst Franziskus ist ein guter Libero mit Angreifer-Qualitäten.“ Wer sich nun vorzustellen versucht, wie der Pontifex in weißer Soutane über den Rasen flitzt, sollte bedenken, dass Franziskus seine Botschaften selbst immer wieder in Fußballsprache verpackt. So fordert er etwa Jugendliche auf, die Welt mitzugestalten, also immer offensiv statt defensiv zu spielen.

Franziskus, der Diplomat

53 Jahre lang hatte frostiges Schweigen geherrscht zwischen Kuba und den USA. Die diplomatischen Beziehungen waren abgebrochen worden. Mitte Dezember 2014 dann die Überraschung: US-Präsident Obama kündigt eine Kehrtwende in der Haltung der USA zu Kuba an; die diplomatischen Beziehungen werden wieder aufgenommen, Handels- und Reisebeschränkungen aufgehoben, Gefangene freigelassen. Einen wesentlichen Anteil daran hat ein ganz besonderer Diplomat: Papst Franziskus. Bereits im Sommer hatte er persönliche Briefe an Obama und den kubanischen Staatschef Raúl Castro geschrieben und sie zu einer Wiederannäherung bewegt. Im Oktober treffen sich Diplomaten beider Länder auf

neutralem Boden in Rom; die Gespräche werden von Mitarbeitern des Vatikans moderiert.
Obama selbst bedankt sich bei Papst Franziskus für die Vermittlungsgespräche. Ein US-Regierungsvertreter sagt: „Präsident Obama hat enormen Respekt vor Papst Franziskus. Sein persönliches Engagement ist sehr wichtig für uns."
Es scheint, dass Franziskus tatsächlich ein besonderes Geschick für Diplomatie und Versöhnung hat. Im April 2015 streichen die USA Kuba von ihrer Terrorliste. Erstmals seit 60 Jahren treffen sich die Staatschefs beider Länder. Franziskus ist glücklich über den Erfolg. Bei einem Treffen mit Botschaftern verschiedener Länder sagt er, Diplomatie sei eine „Arbeit kleiner Schritte", mit dem Ziel, Frieden und Brüderlichkeit zwischen den Völkern zu säen.

Punkmusik beim Weihnachtskonzert

Dass er Beethoven und Tangomusik mag, ist bekannt. Ganz neue musikalische Vorlieben des Papstes kommen aber beim traditionellen vatikanischen Weihnachtskonzert am 13. Dezember 2014 zum Vorschein. Mag Franziskus tatsächlich Punk? Ausgerechnet Patti Smith, die als „Godmother of Punk“ (Patin der Punkmusik) gilt, hat er eingeladen, beim Konzert im Auditorium Conciliazione mit aufzutreten. Bemerkenswert ist dabei, dass Patti Smith, inzwischen über 60-jährig, in jungen Jahren sehr kritisch über die Kirche gesungen hat. Gegen ihren Auftritt beim Vatikanischen Weihnachtskonzert gibt es dann auch gleich Kritik. Und zwar nicht nur von einigen Katholiken, die der Sängerin Blasphemie vorwerfen, sondern auch von ihren eigenen Fans, die wohl finden, Patti Smith solle sich auf ein Konzert für die Kirche gar nicht erst einlassen. Solche Einwände weist sie aber deutlich von sich: „Ich mag Papst Franziskus und ich bin glücklich, für ihn zu singen.“
Persönlich kennengelernt haben sich Papst und Punk-Ikone bereits im Frühjahr 2013 am Rande einer Generalaudienz auf dem Petersplatz. Im Streben nach einer gerechteren, friedlicheren Welt, durchaus mit sozialkritischen Tönen, finden die beiden

wohl einen gemeinsamen Nenner. Franziskus weiß also, wen er sich da einlädt, und vielleicht legt er ja auch privat einmal eine Patti-Smith-Platte auf.

Kinderlärm in der Kirche

Das hat sicher jeder schon einmal im Gottesdienst erlebt: Ein kleines Kind ist unruhig, weint oder läuft herum. Nicht immer gibt es einen Kindergottesdienst. Bei den Eltern liegen dann die Nerven blank und sie fragen sich: Ab wann sollen sie mit ihrem lärmenden Nachwuchs die Kirche besser verlassen? Gar nicht, sagt Papst Franziskus. Im Gespräch mit Eltern bei einem Besuch in der römischen Josephs-Pfarrei erklärt er seine Sicht der Dinge: „Mich stört es sehr, wenn ein Kind in der Kirche weint und es Leute gibt, die sagen, das Kind soll hinaus.“ Es sei völlig normal, dass Kinder nicht mucksmäuschenstill in den Bänken sitzen bleiben, sondern herumlaufen, etwas Lärm machen und manchmal weinen. Kindertränen sind sowieso die „beste Predigt“, findet Franziskus. „Sie sind die Stimme Gottes; verjagt sie nie aus der Kirche.“

Geburtstagsgeschenke vom Papst

Eigentlich ist es sein eigener Geburtstag, und er müsste Geschenke bekommen. Aber Papst Franziskus verteilt lieber selbst welche. Am 17. Dezember 2014 wird er 78 Jahre alt. Aus diesem Anlass verschenkt er 400 Schlafsäcke an Obdachlose. Erkennbar sind sie an einem kleinen päpstlichen Wappen. Verteilt werden die Schlafsäcke vom Almosenverwalter Erzbischof Krajewski gemeinsam mit einigen Freiwilligen, darunter auch Schweizergardisten. Sie laden alle Schlafsäcke auf einen Lastwagen und fahren damit zum Bahnhof Termini und anderen Orten, wo sich viele Obdachlose aufhalten. Die Presse erfuhr erst später davon. Die Aktion war nicht angekündigt worden, um Medienrummel zu verhindern.

Große Geburtstagsparty auf dem Petersplatz

Selbst feiert Papst Franziskus seinen Geburtstag nicht. Der Zufall will es aber, dass der 17. Dezember 2014 auf einen Mittwoch fällt: Generalaudienz. Und die Gläubigen, die aus aller Welt anreisen, lassen es sich nicht nehmen, diese Audienz zu einer Art rie-

siger Geburtstagsparty zu machen. Sie bringen Luftballons und Kuchen mit, reichen dem Papst Matetee und singen Geburtstagslieder in verschiedenen Sprachen.
Die besondere Überraschung gibt es am Schluss der Generalaudienz: Plötzlich erklingt Tangomusik und 3000 Tänzer aus ganz Italien tanzen auf dem Petersplatz. In seiner Jugend war der Papst aus Argentinien selbst ein leidenschaftlicher Tangotänzer, und auch als Erzbischof sagt er Jahre später, dass er diesen Tanz liebe. Unter dem Motto „Ein Tango für Papst Franziskus“ hatte die Tanzlehrerin Cristina Carmorani die Aktion vorher auf Facebook organisiert. Und auch Radio Vatikan spielt an diesem Tag die Lieblingstangos des Papstes.

Die 10-Gebote-Show

Der Mann ist sicher nach Franziskus' Geschmack: Roberto Benigni ist nicht nur ein großartiger Komiker und Schauspieler, der in dem Film „Das Leben ist schön“ die Zuschauer gleichermaßen zum Weinen und zum Lachen bringt, er schafft es auch noch, christliche Themen unterhaltsam darzustellen. Was er da macht, ist wirklich erstaunlich: Im italienischen Fernsehen re-

det er an zwei Abenden jeweils zwei Stunden am Stück über die Zehn Gebote. Und erreicht damit eine traumhafte Einschaltquote von zwanzig Millionen Zuschauern. Zugegeben: Er wechselt dabei zwischen Ernst und Komik und strapaziert gekonnt die Lachmuskeln. Zum siebten Gebot erklärt er beispielsweise, Gott habe die Italiener so lieb, dass er sogar ein Gebot extra für sie ersonnen habe: Du sollst nicht stehlen.
Das Publikum jedenfalls ist begeistert, darunter auch Papst Franziskus. Vor der zweiten Sendung ruft er den Komiker an und gratuliert ihm zu der gelungenen Show. Das sei ein gutes Beispiel für Neuevangelisierung, heißt es aus dem Vatikan.

Dank für die Unsichtbaren

Vor Weihnachten empfängt der Papst traditionell die Spitzenvertreter der Römischen Kurie und dankt ihnen für die übers Jahr geleistete Arbeit. An diesem 22. Dezember 2014 läuft das alles jedoch etwas anders. Erstes Novum: Franziskus empfängt in einer Sonderaudienz alle seine Mitarbeiter mit deren Familien. Beim Heiligen Stuhl arbeiten immerhin 5000 Vatikan-Mitarbeiter. Zusammen mit den Familienangehörigen sind das so viele, dass man in die Audienzhalle umzieht. „Ich wollte mein zweites Weihnachten in Rom nicht vorübergehen lassen, ohne den Menschen zu begegnen, die an der Kurie arbeiten“, sagt Franziskus, „den Menschen, die arbeiten, ohne in Erscheinung zu treten, und die sich ironisch als ‚die Unsichtbaren‘ bezeichnen: Gärtner, Reinigungskräfte, Pförtner, Büroleiter, Aufzugführer, Sachbearbeiter ... und viele, viele andere.“ Also dankt er ihnen samt den Familienangehörigen, denn er habe festgestellt, dass sie alle ihre Arbeit sorgfältig tun. Dann segnet Franziskus die „Unsichtbaren“, die er an diesem Tag in den Mittelpunkt stellt.

„Jetzt wird's spannend“

Die zweite Überraschung folgt an diesem 22. Dezember beim traditionellen Weihnachtsempfang für die Römische Kurie. Die Kardinäle und Bischöfe trauen ihren Ohren kaum, denn statt der bei diesem Termin üblichen wohlwollenden Dankesrede gibt es vom Papst ziemlich deutliche Kritik: 15 Krankheiten der Kurie zählt er auf, die von geistiger Versteinerung über geistlichen Alzheimer, Eitelkeit, Tratschsucht bis zu Prunksucht reichen.

Selbst die engsten Mitarbeiter des Papstes sind

überrascht. Georg Gänswein, der als Präfekt des Päpstlichen Hauses direkt neben Franziskus sitzt, hat zwar eine Kopie der Rede in seiner Mappe, aber keine Zeit, sie vorher zu lesen. „Als die Aufzählung der Krankheiten begann, dachte ich mir: Jetzt wird's spannend, und es wurde immer spannender."

Der Papst mahnt also zur Gewissenserforschung, macht aber auch Mut. Ein paar Heilmittel gegen die Krankheiten kann er bereits empfehlen. Gegen die Krankheit der Totengräbermiene, die er bei besonders griesgrämigen Bischöfen beobachtet, helfen beispielsweise Humor und Selbstironie. Franziskus empfiehlt, möglichst oft das Gebet des hl. Thomas Morus „Schenke mir, Herr, den Sinn für Humor" zu beten. „Ich bete es jeden Tag, es tut mir gut."

Vatikan-Krippe mit Obdachlosem

Eine Kirche für die Armen, das war bereits zu Beginn seines Pontifikats der große Wunsch von Papst Franziskus. Im Dezember 2014 nimmt die Vatikan-Pfarrkirche Sant'Anna in ihre Weihnachtskrippe die Figur eines Obdachlosen auf. Er steht bei den Hirten und hält bittend die Hand auf.

Tatsächlich gibt es für die Figur sogar ein echtes Vorbild: einen Obdachlosen, der viele Jahre in die Pfarrkirche kam, bis er im Herbst 2014 verstarb. Pfarrer Bruno Silvestrini beschreibt ihn als einen „in gewisser Hinsicht reichen Mann, voller Glauben“. Und er ergänzt, dass die Gestaltung der Krippe auf das Anliegen des Papstes verweisen soll, „dass wir uns im Menschen in Schwierigkeiten kümmern“.

EIN PAPST
MIT RÜCKENWIND

„Es ist großartig, wie der Papst seine Berufung lebt."

Hubert von Goisern, Musiker

„Es ist vieles in Bewegung geraten, und ich denke, dass wir diese Bewegung brauchen. Wenn man stehen bleibt, schläft man ein."

Kardinal Kasper

„Papst Franziskus redet nicht nur von der Reform der Kurie, er ist entschlossen, sie durchzuziehen, und er macht es sehr professionell, mit besten Experten, mit viel Beratung und mit Entschiedenheit."

Kardinal Christoph Schönborn

Ohne Deko

Im Januar 2015 geht Franziskus auf große Reise nach Südostasien. Zunächst besucht er Sri Lanka, wo sehr viel mehr Buddhisten, Hindus und Muslime als Christen leben. Dort bemüht man sich, dem einfachen Stil des Papstes zu entsprechen: Die Papstreise soll keine übermäßigen Kosten verursachen. „Wir haben alles vereinfacht und haben zum Beispiel kein Geld für Dekoration ausgegeben", erläutert Pater Merl Shanthi Perera, der die Finanzierung der Papstreise organisiert.
Dank der großen Sparsamkeit bleiben vom Budget 70 000 US-Dollar übrig, die der Erzbischof von Colombo dem Papst für karitative Zwecke mitgibt: „Wir sind eine arme Kirche, wir wünschen uns aber, dass Sie dieses Geschenk annehmen."

Unerwarteter Andrang

Gleich zu Beginn der Papstreise nach Sri Lanka muss das Programm geändert werden. Der Grund: Der Andrang ist einfach zu groß. An der 23 Kilometer langen Strecke vom Flughafen zum Zentrum der Hauptstadt Colombo, wo ein Treffen mit den Bischöfen des Landes auf dem Programm steht, stehen einfach viel zu viele Menschen, die den Papst sehen wollen. Hunderttausende säumen die Straße, darunter auch große Gruppen buddhistischer Mönche. Wahrscheinlich hat Franziskus, der am Flughafen herzlich mit Trommelmusik, Tanz und sogar bunt geschmückten Elefanten begrüßt wurde, das Papamobil einfach zu oft anhalten lassen. Wegen der großen Verspätung muss das Treffen mit den Bischöfen ausfallen. Franziskus begibt sich gleich in die Nuntiatur, um dort die Messe zu feiern.

Kein Panzerglas und Regenschutz

Von Sri Lanka reist Franziskus gleich weiter auf die Philippinen. Das Gefährt, mit dem er sich dort durch die Menschenmassen bewegt, ist – und da haben die Security-Leute des Papstes sicher Bauchschmerzen – ungeschützt. Der ungepanzerte, offene Wagen entspricht genau dem Wunsch des Papstes. Schon früher hat er betont, wenn er in einer „Sardinenbüchse“ herumfahre, könne er den Menschen nicht richtig begegnen. Der direkte Kontakt ist ihm aber wichtig. Er will zugänglich sein, macht sich damit allerdings auch bewusst angreifbar. Auch eine Klimatisierung hat der Wagen nicht. In Manila und Tacloban City, wo selbst im Januar durchschnittlich subtropische 30 Grad herrschen, leidet der Papst unter Hitze und Regen genauso wie alle anderen.

Eine Stadt im Papst-Sonderurlaub

Manila ist die Hauptstadt der Philippinen. Bis auf einen kurzen Abstecher verbringt Papst Franziskus die gesamte Zeit seiner Reise hier. Die Stadt feiert; alle sind im Papst-Fieber. Damit möglichst viele Einwohner den Papst live erleben können, verkündet der Bürgermeister für Manila einen Sonderurlaub: Die fünf Tage des Papstbesuches sind für alle arbeitsfrei. Auch Schulen bleiben geschlossen.

Einen ganz pragmatischen Grund haben die Feiertage aber auch: Der Bürgermeister will so ein Verkehrschaos verhindern. Bereits an normalen Tagen gibt es hier ständig Staus. Wenn sich der Papst nicht jedesmal durch den dichten Berufsverkehr kämpfen muss, so hofft man, trägt das außerdem zu seiner Sicherheit bei. Wie dem auch sei: Die Einwohner freuen sich über den Papst-Sonderurlaub.

„Hast du mich lieb?“

Auf den Philippinen sind die Menschen tief fromm. Entsprechend begeistert wird Papst Franziskus in dem mehrheitlich katholischen Land empfangen und wie ein Rockstar gefeiert. Nicht wenige Menschen warten stundenlang am Straßenrand, nur um ihn vorbeifahren zu sehen. Und Franziskus hält sich gleichfalls nicht zurück: Schon bei seiner ersten Fahrt durch die Stadt kurbelt er die Fensterscheibe des Wagens herunter, lehnt sich weit hinaus und winkt den Menschen zu.

Bei der Messe am ersten Morgen seines Besuchs beginnt er die Predigt mit einem Zitat aus dem gerade gelesenen Johannesevangelium, Kapitel 21: „Hast du mich lieb?“, wiederholt er die Frage, die Jesus dort Petrus stellt. Bevor er weiterreden kann, hört man einige Menschen „Ja“ rufen. Franziskus kann ein Lachen nicht unterdrücken, bedankt sich dann und sagt, dass er eigentlich nur aus dem Evangelium zitiert habe.

Die Suppe wird kalt

Wegen des heranziehenden schweren Sturms muss Franziskus sein Programm in Tacloban vorzeitig beenden. Das gemeinsame Mittagessen mit den Überlebenden des Taifuns lässt er sich aber nicht nehmen. Allerdings ist es schwer, sich aufs Essen zu konzentrieren, wenn gleichzeitig der Papst zum Greifen nahe ist. Viele der Gäste starren Franziskus einfach nur ein, sodass er sie mehrfach zum Essen auffordert. Dem Papst geht es aber nicht viel anders. „Ihre Suppe ist ja schon kalt“, mahnt Kardinal Tagle. „Nein, hier ist es warm“, entgegnet Franziskus und macht eine Handbewegung, die den ganzen Raum umfasst. Die Herzen hat er auf jeden Fall erwärmt.

Mehr Frauen!

Ein Höhepunkt am letzten Tag der Philippinenreise ist eine Begegnung mit Jugendlichen auf dem Sportplatz einer katholischen Universität. Einige Jugendliche werden vorher exemplarisch ausgewählt, damit sie dem Papst ihre Erfahrungen schildern. Darunter ist allerdings nur ein Mädchen: die zwölfjährige Glyzelle Palomar.

Zu dieser Auswahl macht Franziskus gleich eine Anmerkung: „Ein Wörtchen ... über die spärliche Präsenz der Damenwelt hier! Allzu spärlich!“ Oft sei die Gesellschaft „zu chauvinistisch“, meint er. Frauen bekämen zu wenig Raum. Dabei war es gerade Glyzelle, die an diesem Morgen als einzige eine Frage gestellt habe, auf die er keine Antwort wisse. Die Zwölfjährige hatte gefragt, warum Gott es zulasse, dass Kinder leiden müssten. „Wenn also der nächste Papst nach Manila kommt, dann mögen bitte mehr Frauen da sein!“

Franziskus bricht alle Rekorde

Einen neuen Rekord stellt Papst Franziskus im Rizal Park von Manila auf: Mit sechs Millionen Menschen, die mit ihm gemeinsam Messe feiern, ist das nicht nur ein Rekord im kirchlichen Bereich – die größte Messe hatte zuvor Johannes Paul II. mit fünf Millionen Menschen gefeiert –, sondern überhaupt Weltrekord. Zu keinem anderen Großereignis – Rockkonzert, Festival oder Fußball-WM – haben sich bis dahin so viele Menschen versammelt.

Selbst einige Kilometer vom Rizal Park entfernt sind Straßen und Plätze überfüllt, die Menschen klettern auf Bäume, Laternen und Autodächer. Und das nicht etwa bei schönem Ausflugswetter, sondern im strömenden Regen! Erzbischof Socrates Villegas meint am Schluss sehr passend zum Papst: „Sie sind unser Regenmantel im Regen!“

Streit um Karnickel

Manche Menschen glauben – entschuldigen Sie den Ausdruck –, um gute Katholiken zu sein, müssen wir sein wie Karnickel.“ Die verhängnisvollen Worte des Papstes zum Thema verantwortungsbewusste Elternschaft fallen bei der Pressekonferenz auf dem Rückflug von den Philippinen. Welchen Proteststurm er mit dieser bildhaften und knackigen Formulierung auslösen würde, hätte sich Papst Franziskus sicher nicht träumen lassen. Sogar die Kaninchenzüchter äußern sich empört. Schließlich seien Karnickel nicht per se „sexbesessen“; es gäbe da Unterschiede.

Immer wieder kommt es vor, dass Franziskus in spontanen Äußerungen Dinge sagt, die politisch nicht ganz korrekt klingen. Georg Gänswein plädiert dafür, dann vielleicht nicht jedes Wort auf die Goldwaage zu legen: „Ob die Wortwahl immer ganz glücklich und angemessen ist, darüber lässt sich streiten. Aber da muss man auch einmal fünfe gerade sein lassen.“ Und Kardinal Schönborn findet das spontane Auftreten des Papstes sogar besonders gut und meint, der Papst dürfe „so reden, wie ihm der Schnabel gewachsen ist“.

Rauferei mit dem Papst

Auch nicht ganz politisch korrekt ist eine weitere Bemerkung des Papstes, die bereits beim Flug von Sri Lanka auf die Philippinen fällt. Sie wirbelt einigen Staub auf, und bei der Pressekonferenz auf dem Rückflug nach Rom wird er noch einmal danach gefragt. Er war gefragt worden, wie weit die Meinungsfreiheit gehen dürfe, wenn sie sich gegen Religionen richte. Und Franziskus hat eine ganz plastische Antwort parat. Meinungsfreiheit ist ihm sehr wichtig, „aber ohne zu beleidigen“. Mit Blick auf seinen Reiseorganisator, der neben ihm steht, meint er: „Es ist natürlich wahr, dass man nicht aggressiv reagieren soll, aber wenn Dr. Gasbarri, mein guter Freund, mir ein Schimpfwort gegen meine Mutter sagt, bekommt er eins drauf!“

Eine Rauferei mit dem Papst: Die einen erheitert diese Vorstellung, andere sind entrüstet. Ist der

Papst bereit zur physischen Gewalt? Heißt er gar den Terroranschlag gegen das französische Satiremagazin Charlie Hebdo gut? Auf dem Rückflug glätten sich die Wogen ein wenig, und es zeigt sich: Der Papst ist oft einfach pragmatisch. Natürlich sei Gewalt nie gerechtfertigt, meint er. Aber Menschen reagieren eben manchmal nicht mustergültig, deswegen solle man einen Menschen nicht ständig beleidigen. „Darum sage ich, dass die Meinungsfreiheit die menschliche Realität berücksichtigen und folglich klug sein muss."

Friseursalon für Obdachlose

Mitte Februar 2015 öffnet ein ganz besonderer Friseursalon am Petersplatz in Rom: Hier bekommen Obdachlose einen kostenfreien Haarschnitt. Der Salon ist allerdings nur montags geöffnet, wenn alle anderen Friseursalons in Rom Ruhetag haben. Dann arbeiten hier ehrenamtlich Friseure und Azubis, die sich als Freiwillige gemeldet hatten. Die Ausrüstung des Salons stammt aus Spenden. Der Almosenverwalter der Papstes, Erzbischof Krajewski, betont, dass es ebenso wie bei der Einrichtung von kostenlosen Duschen um die Menschenwürde der Bedürftigen gehe.

Ein Dank für die Küstenwache

Es ist nicht viel, was über diese Begegnung nach außen dringt. Dabei dauert das Treffen immerhin eine Dreiviertelstunde – so viel Zeit hat der Papst nicht einmal für jeden Regierungschef übrig. Am Abend des 17. Februar 2015 trifft Papst Franziskus Mitglieder der italienischen Küstenwache in der Casa Santa Marta, wo er selbst wohnt. Sie berichten von ihren Einsätzen vor der Küste von Lampedusa, wo sie häufig unter schwierigsten Bedingungen Bootsflüchtlinge retten, die aus Afrika nach Europa fliehen. Franziskus dankt ihnen für ihre Arbeit. Genaueres erfährt die Öffentlichkeit nicht. Aber man ahnt: Die Reise nach Lampedusa zu Beginn seines Pontifikats war kein Schnellschuss. Das Schicksal der Flüchtlinge verliert Franziskus nicht aus den Augen.

Komplizierte Truppe

Zu Beginn der Fastenzeit 2015 begibt sich der Papst wie schon im Jahr zuvor mit der Spitze der Kurie zu Fastenexerzitien in die Albaner Berge. Mit etwa 70 Mitarbeitern nimmt er sich eine echte Auszeit für Stille, Meditation und Gebet. Kenner

des Papstes verstehen diese geistlichen Übungen außerhalb des Vatikans auch als Teil der Kurienreform, einer Reform „von innen“.
Exerzitienmeister ist in diesem Jahr der italienische Karmelit Bruno Secondin, ein emeritierter Dozent für moderne Spiritualität an der Päpstlichen Universität Gregoriana. Am Ende der Exerzitien bedankt sich Franziskus bei ihm mit den Worten: „Es ist nicht leicht, Exerzitien für Priester zu halten. Wir sind alle etwas kompliziert, aber Ihnen ist es gelungen, Samen auszustreuen.“

James Bond und Franziskus

Anfang März 2015 müssen sich Verkehrsteilnehmer auf wiederholte Behinderungen rund um den Vatikan einstellen: Mehrere Buslinien werden umgeleitet, Straßen werden gesperrt. Schuld daran sind Geheimagent 007 und der Papst. Ganz in der Nähe des Vatikans werden zu dieser Zeit Szenen für den 24. James-Bond-Film „Spectre“ gedreht. Details zur Handlung sind da natürlich streng geheim.
Und auf welcher nicht ganz so geheimen Mission ist Franziskus? Er besucht zwei Pfarren in Rom: die Chiesa di Ognissanti und eine Vorstadt-Pfarre im römischen Brennpunktviertel Tor Bella Mona-

ca, wo es viel Drogenkriminalität gibt. Dort warnt er die Menschen davor, dem organisierten Verbrechen ins Netz zu gehen, das arme Menschen für die „Drecksarbeit" ausnutze. Und arm sind tatsächlich nicht wenige Menschen in diesem Viertel. Das haben sie, wie Franziskus betont, mit Jesus gemeinsam.

Überraschenderweise scheint es fast, als seien James Bond und Franziskus in diesen Tagen auf ähnlicher Mission im Kampf gegen das Verbrechen unterwegs. Der eine allerdings schwer bewaffnet und mit special effects, der andere mit einer Botschaft.

Fußballstadion „Franziskus"

Auf das Mitglied mit der Ausweisnummer 88234 sind die Spieler und die übrigen Vereinsmitglieder von San Lorenzo besonders stolz. Seit dieses Klubmitglied zum Papst gewählt wurde, ist der Fußballverein aus Buenos Aires wie beflügelt. Im Sommer 2014 feiert er den größten Sieg in der Klubgeschichte und gewinnt die Copa Libertadores de América, das südamerikanische Gegenstück zur europäischen Champions League. Vor dem Spiel sagt Msgr. Guillermo Karcher, ebenfalls Argentinier und einer der päpstlichen Zeremoniäre, in einem

Radiointerview, der Papst werde sicher für San Lorenzo beten. Nach dem Sieg steht für die Fans dann auch fest: Franziskus hat San Lorenzo „zum Sieg gebetet". Der Papst selbst erfährt davon während seiner Korea-Reise und erinnert sich, wie er als Kind mit der ganzen Familie – „auch Mutter kam mit uns" – die Spiele des Klubs live im Stadion gesehen hat. Über den Triumph seines Lieblingsclubs sagt er: „Mit Freude erlebe ich das, mit Freude." Ein halbes Jahr später, im Frühjahr 2015, beschließt „San Lorenzo", sein neues Fußballstadion nach Papst Franziskus zu benennen.

Interview mit Straßenzeitung

Interviews mit dem Papst gibt es in schöner Regelmäßigkeit. Dieses ist aber doch ein Besonderes. Er gibt es nämlich nicht einer der großen internationalen Zeitungen oder Radiosender, sondern einer kleinen Straßenzeitung aus einem Armenviertel von Buenos Aires, das als „Villa Carcova" berüchtigt ist. Der Pfarrer des Viertels, Jose Maria di Paolo, kennt den Papst von früher. „Padre Pepe", wie er von den meisten genannt wird, ist einer der Priester, die Bergoglio damals in die Armenviertel der Metropole gesandt hat.

Nun hat Padre Pepe die Fragen der Einwohner gesammelt und an Papst Franziskus übermittelt. Das Ergebnis erscheint als großes Interview in der Straßenzeitung. Die Fragen und Themen sind dabei nicht neu. Es geht um Drogenprobleme, um Wertevermittlung in der Familie, um den Wahlkampf in Argentinien … Besorgt fragt einer nach Gerüchten, dass es Fanatiker gibt, die den Papst ermorden wollen. Papst Franziskus setzt da, wie er sagt, ganz auf Gottvertrauen. Falls es allerdings Gottes Wille sei, dass ihm etwas geschehe, so bitte er nur um einen Gefallen: „Dass es mir nicht wehtut. Denn ich bin sehr feige im Aushalten von körperlichem Schmerz.“

Heiliges Jahr der Barmherzigkeit

Vom Papst ausgerufene „Heilige Jahre“ gibt es seit dem Mittelalter immer wieder einmal – regulär in sehr großen Abständen von 25 Jahren. Das letzte „ordentliche“ Heilige Jahr war 2000. Nun hätte man mit etwas Geduld bis 2025 warten können. Aber manche Dinge schiebt Franziskus lieber nicht auf die lange Bank. Ein Thema, das für ihn keinen Aufschub duldet, ist die Barmherzigkeit. Seit Beginn seines Pontifikats ist Barmherzigkeit eins seiner Schlüsselworte. Und Papst Franziskus möchte, dass sie stärker gelebt wird, in allen Gesellschaftsbereichen. Die göttliche Barmherzigkeit solle die Menschen anspornen, selbst barmherzig zu sein. In einer Bußandacht am 13. März 2015 sagt Franziskus, bevor er mit vielen anderen Priestern Einzelbeichten hört, dass er beschlossen habe, ein Heiliges Jahr der Barmherzigkeit auszurufen. Dann fügt er hinzu: „Und das gilt besonders für die Beichtväter! Ganz viel Barmherzigkeit!"

Unter Kollegen

Lang vor seinem Leben als Papst war Jorge Bergoglio von Beruf Lehrer. Mitte der 1960er Jahre unterrichtete er als junger Mann Literatur und Psychologie am Jesuitenkolleg in Santa Fé und Buenos Aires. Bei einem Treffen mit Lehrern Mitte März 2015 begrüßt Papst Franziskus dann auch die versammelte Menge als „liebe Kollegen und Kolleginnen" und erinnert sich kurz an die schöne Zeit im Klassenzimmer. Was dann folgt, ist eine regelrechte Katechese für Lehrer:

„Du sollst den Herrn, deinen Gott, lieben und du sollst deinen Nächsten lieben. Wir können uns fragen: Wer ist für einen Lehrer der Nächste? Der ‚Nächste' sind seine Schüler!" Franziskus ruft dazu auf, gerade die

schwierigsten Schüler noch mehr zu lieben. „Jesus würde sagen: Wenn ihr nur die liebt, die fleißig lernen, worin besteht dann euer Verdienst? Und es gibt manche Schüler, die einen die Geduld verlieren lassen, aber diese sollen wir am meisten lieben!"
Zum Schluss regt er dazu an, die didaktischen Kompetenzen regelmäßig auf den neuesten Stand zu halten, auch neue Technologien zu nutzen. Wichtiger als das sei aber, menschliche Werte zu vermitteln und „Verhaltensweisen, die in der Gesellschaft Harmonie erzeugen".

Fan-Magazin „Mein Papst"

Ob die Welt diese Zeitschrift braucht, ist so eine Frage, an der sich die Geister scheiden. Seit etwa einem Jahr gibt es das italienische Hochglanzmagazin „Il mio Papa" (Mein Papst), die weltweit erste Papst-Zeitschrift, als im März 2015 die deutsche Version auf den Markt kommt. Der Panini Verlag ist sonst eher für Sammelalben zu Fußballweltmeisterschaften, Comics und Jugendbücher bekannt. Deshalb verwundert es nicht, dass es in dem Heft keineswegs um aktuelle Diskussionen in der Kirche geht, sondern ausschließlich um Unterhaltung: Neben Fotostorys aus dem Leben des Papstes, Kochrezepten (in der ersten Ausgabe: Lammkotelett mit Pfannengemüse) und Kreuzworträtseln findet man pro Heft auch zwei Papst-Poster.

Immer für eine Überraschung gut

„Papst Franziskus finde ich gut. Der schlägt ein neues Kapitel auf. Und er hat Humor.“

Alfred Biolek

„Papst Franziskus ist ein Mann, der von vornherein klargemacht hat, dass er Dinge, die er anders sieht, auch anders anpackt.“

Erzbischof Georg Gänswein

Exklusive Museumsführung

Für 150 Obdachlose ist es vermutlich das erste Mal in ihrem Leben, dass sie die Vatikanischen Museen von innen sehen. Sonst verbringen sie den Tag auf dem Petersplatz und Umgebung. An diesem Donnerstagabend Ende März 2015 aber sind sie zu einer kostenlosen und exklusiven Führung eingeladen. Für andere Besucher wird die Sixtina ausnahmsweise ab 16 Uhr geschlossen. Papst Franziskus begrüßt jeden Einzelnen persönlich. „Willkommen! Dies ist ein Haus für alle, es ist euer Haus", sagt er. Nach der Führung durch die Museen und Vatikanischen Gärten gibt es für alle ein gemeinsames Abendessen im Restaurant der Vatikanischen Museen.

Gut möglich übrigens, dass der Papst die Museen an diesem Tag ebenfalls zum ersten Mal sieht. Nur wenige Monate zuvor hatte er in einem Interview mit der römischen Tageszeitung „Il Messaggero" zugegeben, dass er zwar die Sixtinische Kapelle vom Konklave her kenne, aber noch nie in den Vatikanischen Museen gewesen sei.

Papst büxt aus

Christoph Graf ist seit Februar 2015 Chef der Schweizergarde. Vom Elan und Reformwillen des Papstes ist er beeindruckt. Bei der Schweizergarde selbst hält der Kommandant Veränderungen aber nicht für nötig. Auf die Frage in einem Interview mit der Aargauer Zeitung, was er seit seinem Dienstantritt verändert habe, sagt er schlicht: „Ich habe im Innenhof Grünpflanzen entfernt, es hatte zu viele.“

Kommandant Graf gibt zu, dass es nicht ganz einfach ist, für die Sicherheit des Papstes zu sorgen, besonders wenn er bei Fahrten durch die Menge spontan das Papamobil anhalten lässt oder bei Auslandsreisen ein „Bad in der Menge“ nimmt. Manchmal kommt es da zu kritischen Situationen. Und auch sonst ist die Schweizergarde stärker gefordert als bei früheren Päpsten: „Innerhalb des Vatikans wissen wir nicht immer, wo er ist – das gab es vorher nie. Selbst dass er den Vatikan inkognito verlässt, ist gut möglich.“

Der Hefter für Unliebsames?

Gern wird in den Medien das Bild vom unkonventionellen, reformwilligen Papst auf der einen und einer verkrusteten Kurie auf der anderen Seite heraufbeschworen. Ein Körnchen Wahrheit mag dran sein, auch wenn die Betroffenen dieser Sicht natürlich widersprechen. Einzelne Kardinäle müssen regelmäßig als Papst-Gegner herhalten, so etwa Kurienkardinal Gerhard Ludwig Müller, Chef der Glaubenskongregation.

Mit Papst Franziskus habe er „keine großen Differenzen“, sagt Kardinal Müller auf Nachfragen. „Diese Vorstellung, wir seien Kontrahenten, liefert den Journalisten natürlich unendlichen Stoff. Aber der Papst nimmt das nicht ernst.“ Auch dass der Papst einen Hefter habe, in dem er Schreiben aus der Glaubenskongregation einfach abhefte und dann weitermache wie zuvor, sei erfunden, meint Kardinal Müller und schiebt einen Satz nach, der dann doch aufhorchen lässt: „Ich habe ihn extra gefragt.“

Ein Telefonstreich?

Der Italiener Franco Rabuffi ist einigermaßen verärgert, als ein unbekannter Anrufer sich als Papst Franziskus ausgibt – und hängt einfach auf. Doch der Fremde lässt sich so leicht nicht abwimmeln und ruft gleich wieder an. Nun gut, manche dieser Spaßvögel sind eben hartnäckig. Rabuffi hängt ein zweites Mal auf. Als aber das Telefon zum dritten Mal klingelt und die Stimme am anderen Ende der Leitung immer noch behauptet, dass hier der Papst spreche, kommen ihm doch langsam Zweifel am vermeintlichen Telefonstreich. Rabuffi hört zu und muss zu seinem Entsetzen feststellen, dass er gerade zwei Mal den Heiligen Vater recht unfreundlich abgewiesen hat. „Mir blieb die Stimme weg, aber Franziskus half mir und sagte, dass er den Vorfall lustig fand“, schildert er später das peinliche Geschehen.

Der Grund für den Anruf klärt sich rasch auf: Franziskus wollte dem kranken Mann am Telefon Mut zusprechen. Rabuffi hatte selbst in einem Brief an den Papst von seiner Erkrankung geschrieben, aber nie mit einer persönlichen Reaktion gerechnet. Am Ende des nun doch zustande gekommenen seelsorgerlichen Gesprächs lädt Papst Franziskus Rabuffi und seine Frau zur nächsten Generalaudienz ein. Dort gibt es eine herzliche Umarmung, und Rabuffi nutzt die Gelegenheit, um sich beim Papst zu entschuldigen.

Unkraut vergeht nicht

Mit der radikal-liberalen Politikerin Emma Bonino dürfte Papst Franziskus nicht ganz so viele Berührungspunkte haben. Immerhin begann ihre politische Karriere mit dem Kampf für die Legalisierung von Abtreibungen. Bis Februar 2014 war sie italienische Außenministerin, zuvor EU-Kommissarin. Im Januar 2015 macht sie ihre Erkrankung an Lungenkrebs öffentlich; sie müsse sich einer mindestens sechsmonatigen Chemotherapie unterziehen. Im Frühjahr sieht man ihr die Nebenwirkungen der Chemotherapie deutlich an. Wegen des Haarausfalls trägt sie modisch um den Kopf geschlungene Tücher oder Mützen.
Dann Anfang Mai ein völlig unerwarteter Anruf aus dem Vatikan, der sie überrascht und sehr erfreut: Der Papst erkundigt sich nach ihrem Gesundheitszustand und ermutigt sie, durchzuhalten und weiter zu kämpfen, denn „Unkraut vergeht nicht".

Papst-Schelte zur Expo

Die Expo 2015 in Mailand ist ein Megaevent. So viele Staaten wie nie zuvor sind bei der Weltausstellung vertreten. Gleichzeitig ist die Veranstaltung höchst umstritten. Immense Kosten und Korruptionsskandale rufen Kritiker auf den Plan. Das Thema der Expo: Ernährung. Dabei wird die Frage nach dem globalen Hunger nicht nur fast ausgeklammert, Konzerne wie Ferrero, McDonald's, Nestlé und Coca Cola gehören auch noch zu den Hauptsponsoren. Ausgerechnet also solche Unternehmen, die für globale Ungerechtigkeiten in Sachen Ernährung mitverantwortlich sind.

Bei der glanzvollen Eröffnung der Expo am 1. Mai 2015 kommt es dann zu einem Eklat. Ausgerechnet der Papst versalzt den anwesenden Spitzenpolitikern die Suppe. Nachdem Ministerpräsident Matteo Renzi die Weltausstellung in den höchsten Tönen lobt, meldet sich Franziskus per Video-Liveschaltung aus dem Vatikan zu Wort. Was nun folgt, ist eine sehr direkte, harsche Kritik: „Millionen von Menschen werden heute nicht genug essen", sagt er und kritisiert auch die Veranstaltung selbst als Teil einer „Kultur des Überflusses, des Wegwerfens". Die Gesichter der Hungernden, so der Papst, sollten im Zentrum der Weltausstellung stehen. Auf den Gesichtern der anwesenden Politprominenz spiegelt sich unangenehme Überraschung. Es ist ein „vergifteter Gruß“, wie der kirchliche Radiosender Domradio berichtet.

Überraschungssegen für die Schweizergarde

Die Schweizergarde hat es im Frühjahr 2015 nicht einfach. Seit Monaten machen immer wieder Gerüchte die Runde. Grund ist zunächst der anstehende Abschied des Chefs der Schweizergarde, Daniel Anrig. Franziskus sei mit seinem Führungsstil nicht einverstanden, heißt es. Außerdem sei die Wohnung des Schweizergardechefs zu pompös. Deswegen habe er ihn „gefeuert“. In einem Interview mit der argentinischen Zeitung „La Nacion“ räumt Franziskus allerdings selbst mit den Gerüchten auf. Es handle sich um einen ganz normalen Wechsel, denn Anrigs fünfjähriges Mandat sei bereits abgelaufen. Und die Wohnung sei auch nicht zu groß; schließlich habe Anrig eine Familie mit vier Kindern. Dennoch machen sich einige Gardisten wohl Sorgen um ihre Zukunft. Im Dezember 2014 starten sie eine Petition, um Franziskus dazu zu bewegen, dass er sich klar zu seiner päpstlichen Leibwache bekennt.

Mögliche Zweifel an der Wertschätzung des Papstes für die Schweizergarde verfliegen aber spätestens am 1. Mai 2015. Da besucht Franziskus überraschend das Quartier der Gardisten. Nach einer kurzen Ansprache über Mut und Demut, die die Schweizergardisten bräuchten, segnete er alle Gardisten samt ihrem neuen Kommandanten. Drei Tage später, kurz vor der Vereidigung der neuen Gardisten, trifft er sie und ihre Familien noch einmal und bittet sie, zu Pilgern im Vatikan immer freundlich zu sein. Und er empfiehlt, während der Ehrenwache öfter mal zu beten.

Wir sind eine Familie

Das Konzert, das im Vatikan am 14. Mai 2015 erklingt, ist ein ganz besonderes. Und das nicht so sehr wegen des ausgesucht guten Programms – es erklingen Stücke, die mit dem großen Dichter Dante Alighieri zu tun haben – oder wegen der namhaften Musiker, sondern wegen der Gäste in den ersten Reihen der Audienzhalle. Dort sitzen an diesem Abend nicht etwa Kardinäle und Bischöfe, auch keine prominenten Staatsgäste aus aller Welt, sondern Bedürftige. Über 2 000 arme Menschen aus ganz Rom sind gekommen, darunter

auch zahlreiche Flüchtlinge und Obdachlose. Sie bekommen auf Wunsch von Papst Franziskus die Ehrenplätze.
Der Eintritt ist frei. Die übrigen Gäste, die nicht arm sind, werden allerdings um eine Spende für karitative Zwecke gebeten. Einige der Obdachlosen tragen T-Shirts mit der Aufschrift „Wir sind eine Familie, die für dich betet". Ein Mann erklärt: „Das hat uns Papst Franziskus geschenkt. Jeder, der unter den Kolonnaden auf dem Petersplatz die Duschen für Obdachlose benutzt, bekommt so ein T-Shirt."

Bitte redet verständlich!

Bei der Eröffnung der Generalversammlung der italienischen Bischofskonferenz gibt es von Papst Franziskus einige ganz konkrete Empfehlungen, die man auch als versteckte Kritik verstehen kann. Die Bischöfe sollen mutiger Missstände wie Korruption im Land benennen, sich stärker für Laien und Ordensleute einsetzen. Und außerdem eine verständliche Sprache benutzen. Die Dokumente der Bischofskonferenz sollten nicht so formuliert sein, dass nur Spezialisten und Theologen sie verstehen. Das sei Teil der „kirchlichen Sensibilität".

„Ich bin eher tollkühn“

Ein paar ungewöhnliche Einblicke in sein Leben gewährt Franziskus in einem Interview, das Ende Mai 2015 in der argentinischen Zeitung „La Voz del Pueblo“ erscheint. Beispielsweise erzählt er, dass er schon seit 1990 kein Fernsehen mehr geschaut habe, weil er das der Jungfrau von Carmelo versprochen habe. Wenn man ehrlich ist, hat er da nicht viel verpasst. Stattdessen informiert er sich über das aktuelle Tagesgeschehen durch tägliche Zeitungslektüre. Zehn Minuten nimmt er sich jeden Morgen für die italienische „La Reppublica“. Über die Ergebnisse seines Fußballvereins „San Lorenzo“ informiert ihn wöchentlich ein Schweizergardist.

Außerdem gibt der Papst zu, was viele schon geahnt haben: Die Worte seiner spontanen Ansprachen überlege er nicht immer sorgfältig genug: „Das verursacht mir manchmal schöne Kopfschmerzen, weil mir ein Wort zu viel rausgerutscht ist“, sagt er mit einem Lächeln und fasst zusammen: „Ich bin eher tollkühn.“

SPONTIFEX: KURIOSES UND BEMERKENSWERTES

„Es war nicht immer leicht zu lernen, sich zu seinem neuen Stil zu ‚bekehren' – seine Freiheit spontaner Äußerungen, seine persönlichen Terminabsprachen und Telefonate."

Federico Lombardi, Vatikansprecher

„Papst Franziskus hält uns Journalisten viel mehr auf Trab, weil er sehr spontan ist. Manchmal erfahren wir um sechs Uhr abends, dass er um fünf Uhr irgendwo war."

Bernd Hagenkord, Leiter der deutschsprachigen Abteilung von „Radio Vatikan"

Besuch vom Chef

Im Frühsommer 2015 macht sich Unruhe bei den Angestellten des Vatikans breit. Der Papst kommt! Unangekündigt taucht Papst Franziskus plötzlich hier und da bei seinen Angestellten auf, um seine Mitarbeiter einmal persönlich kennenzulernen. Die meisten Angestellten bekommen den Papst kaum zu sehen – höchstens einmal aus der Ferne, so wie die Besucher der Generalaudienzen auf dem Petersplatz. Doch dieser Papst möchte den persönlichen Kontakt.

So kommt es, dass Franziskus im Abstand von wenigen Wochen überraschend im Quartier der Schweizergardisten, in verschiedenen Büros der Römischen Kurie an der Piazza Pio XII. und auch außerhalb des Vatikans an der Via della Conciliazione auftaucht. Hier besucht er beispielsweise die Bischofs-, die Heiligsprechungs- und die Gottesdienstkongregation, den Päpstlichen Medienrat und den Rat für die Neuevangelisierung.

Franziskus nimmt sich Zeit für ausführliche Gespräche. Er möchte sich dabei nicht nur über die genauen Tätigkeiten informieren, sondern auch die Stimmung unter den Mitarbeitern mitbekommen. In Sachen „Betriebsklima“ könnten manch andere Chefs vom Papst noch einiges lernen!

Ein filmreifer Abend

Was hat Papst Franziskus mit Westernfilmen zu tun? Das mag sich mancher fragen, der Anfang Juni 2015 das Veranstaltungsprogramm der römischen Kirche „Il Gesu" studiert. Hier wird die „Missa Papae Francisci" aufgeführt – komponiert von Ennio Morricone, dessen Ruhm sich vor allem auf Italo-Western wie „Spiel mir das Lied vom Tod" oder „Für eine Handvoll Dollar" begründet. Viele davon sind Kultfilme geworden. Wer allerdings Kinofilme abseits des Mainstreams sieht, kennt den Namen Morricone auch von Verfilmungen biblischer Geschichten und von Filmen über Johannes XXIII. sowie über Johannes Paul II.

Wie klingt nun also die Messe für Papst Franziskus? Der Introitus beginnt sehr modern mit einem gesprochenen Stimmengewirr anstelle von Gesang. Dazu erzeugen Trompeten und Schlagzeug Atmosphäre. Auch wer keine Western schaut, merkt rasch, dass hier ein Meister der Spannung am Werk ist.

Wer meint, der zu diesem Zeitpunkt immerhin 86-Jährige habe sich auf seine alten Tage endgültig geistlichen Themen zugewandt, der täuscht sich aber. Nur wenige Monate nach der Missa läuft Quentin Tarantinos packender Western „The hateful eight" in den Kinos an – mit Morricones Film-

musik. Ennio Morricone gewinnt damit prompt den Oscar für die beste Filmmusik. Den Oscar für sein Lebenswerk hat er bereits 2007 erhalten.
Die „Missa Papae Francisci“ jedenfalls klingt modern, drängend, nicht unharmonisch, aber auch nicht „lieblich“. Gar nicht so schlecht als Begleitmusik zum Pontifikat von Papst Franziskus.

Familientreffen in Turin

Der zweitägige Pastoralbesuch von Papst Franziskus in Turin im Juni 2015 ist wie üblich minutiös durchgeplant – hier eine Dreiviertelstunde für eine Begegnung, da fünf Minuten für ein Gebet – und so sticht ein Programmpunkt besonders hervor: ganze sechs Stunden am zweiten Tag des Besuchs für ein Treffen des Papstes mit seinen italienischen Verwandten. Tatsächlich! Der Sohn italienischer Auswanderer hat hier noch immer Familie.
Die meisten Bergoglios leben in dem kleinen Dorf Portacomaro im Nordwesten Italiens, etwa 45 Kilometer von Turin entfernt. Es sind die Cousinen und Cousins von Papst Franziskus und deren Nachfahren. Sein Vater, Mario Bergoglio, ließ fünf Brüder und Schwestern zurück, als er Ende der 1920er Jah-

re nach Argentinien auswanderte. In Turin nimmt man Franziskus denn auch wie einen heimgekehrten Sohn auf. Eine große Tageszeitung in Turin titelt „Il Ritorno“ (die Rückkehr). Franziskus besucht die Kirche, in der seine Großeltern heirateten und sein Vater getauft wurde. Sonst dringt kaum etwas über die Zeit mit der Familie nach außen; alles läuft in streng privatem Rahmen ab. Beim Angelus auf der Piazza Vittorio in Turin bezeichnet sich der Papst als einen „Enkel“ der Gegend.

Der Papst und die Salesianer

Ein Punkt auf der Tagesordnung beim Turin-Besuch ist eine Begegnung mit Salesianern Don Boscos im Mutterhaus der Salesianer, der Turiner Maria-Hilf-Basilika. Den recht förmlichen Redetext anlässlich des 200. Geburtstages des Ordensgründers Johannes Bosco ignoriert Papst Franziskus allerdings, um eine persönliche Ansprache aus dem Stehgreif zu improvisieren. Das tut er auch bei anderen Gelegenheiten – meist, wenn der Anlass ihm zu emotional für eine vom Blatt abgelesene Rede erscheint. Hier sind es die persönlichen Erinnerungen, die ihn überraschend vom Protokoll abweichen lassen.

Der Papst erzählt: „Meine Familie ist sehr mit den Salesianern verbunden. Mein Vater ist gleich, als er nach Argentinien kam, zu den Salesianern gegangen, zur italienischen Kirche, und hat da viele Leute kennengelernt. Sofort hat er Zuneigung gefasst zu einer Fußballmannschaft, die ein Salesianerpater gegründet hatte! Mit den Farben der Madonna, Rot und Blau, mit Straßenkindern. Für mich ist es die beste Mannschaft Argentiniens!" Die Eltern des Papstes haben sich bei den Salesianern kennengelernt, und der Salesianerpater, der sie getraut hat, sei zum Begleiter für die ganze Familie geworden, erinnert sich Franziskus. Bei ihm beichtete er als Jugendlicher, der Pater begleitete seine Berufung, und eine Zeit lang ging Franziskus auf ein Salesianer-Internat. „Also, ich bin den Salesianern sehr dankbar."

Praktische Tipps für Krisenzeiten

Bei schönen Erinnerungen bleibt es aber nicht beim Treffen mit den Salesianern. Franziskus hat gleich eine Anregung für die Arbeit der Salesianer mit Jugendlichen. Die hohe Arbeitslosenquote unter Italiens Jugendlichen beschäftigt ihn. 40 Prozent sind es; ähnlich hohe Jugendarbeitslosigkeitsquoten findet man in der EU nur noch in Spanien und Griechenland. Da könnten die Salesianer mit Mini-Ausbildungen Abhilfe schaffen, meint der Papst und appelliert an die „salesianische Kreativität“: „In sechs Monaten lernen, Mechaniker oder Installateur zu sein ... und damit können sie sich über Wasser halten. Geben wir ihnen etwas, das wirklich Quelle der Arbeit ist ... eine Bildung für den Notfall.“

Papst schickt Papst in Urlaub

Seit dem Amtsantritt von Papst Franziskus ist die Sommerresidenz der Päpste in Castel Gandolfo verwaist. Franziskus verzichtet auf die Auszeit im Sommer; er arbeitet durch beziehungsweise macht Urlaub daheim. Da Benedikt XVI. sich ganz gern einmal in die Albaner Berge zurückgezogen hat, lädt Franziskus ihn ein, das weiterhin zu tun. Ein Jahr zuvor hatte der Papst emeritus noch ausgeschlagen, um – wie er zu seinem Rücktritt angekündigt hatte – zurückgezogen und „verborgen vor der Welt“ im Vatikan zu leben. Doch Franziskus ermuntert ihn immer wieder, es mit der selbstgewählten Klausur nicht zu übertreiben. Im Sommer 2015 dann verlässt Benedikt tatsächlich Rom, um für zwei Wochen in Castel Gandolfo Urlaub zu machen. Vor dessen Abreise besucht Franziskus Benedikt noch einmal in seinem Wohnsitz und verabschiedet ihn in die Sommerfrische.

Geht der Papst zum Optiker

Papst Franziskus ist weitsichtig, trägt also eine Lesebrille. Kein besonders stilvolles Exemplar, ein einfaches Metallgestell, mittelgroße Gläser, so wie es vielleicht vor 30 Jahren modern war. Er ist – wie bereits schon Benedikt XVI. – Kunde beim Optiker Alessandro Spiezia. Sein Laden liegt in der Nähe der Piazza del Popolo. Spiezia liefert Brillen für seinen berühmtesten Kunden eigentlich in den Vatikan. Aber Franziskus möchte ihm keine Umstände machen und kommt lieber selbst zu ihm in den Laden. Vielleicht ist es auch ein Stück Sehnsucht nach dem „normalen Leben". In Interviews hatte er schon in der Vergangenheit beklagt, dass er nicht mehr einfach so durch die Stadt gehen könne, wie er es früher gewohnt war.
So fährt der Papst Anfang Oktober 2015 mit einem Leibwächter und wenigen Gendarmen in zivil zum Optiker und lässt sich eine gute halbe Stunde beraten. Der Rahmen ist nämlich noch in Ordnung;

er möchte nur neue Gläser. Obwohl der Ausflug ins normale Leben in der Dämmerung stattfindet, fällt Passanten, die draußen vorbeigehen, der Papst in seinem weißen Gewand sofort auf. In Kürze bildet sich eine Menschentraube vor dem Schaufenster des Optikers. Schaulustige verfolgen die Beratung, winken, machen Fotos und jubeln dem Papst zu, als dieser schließlich den Laden verlässt. So richtig klappt es also nicht mit dem unauffälligen Ausflug ins normale Leben. Wo der Papst auch hinkommt, ist er sofort eine Sensation.

Interview mit Straßenzeitung

Straßenzeitungen, also die Blätter, die meist Obdachlose auf der Straße verkaufen, um sich einen kleinen Lebensunterhalt zu verdienen, bringen meist Artikel mit lokalem oder regionalem Bezug. Dass eine Straßenzeitung Aufsehen erregt, und zwar über ihre Region hinaus, ist äußerst selten.

Dem niederländischen Blatt „Straatnieuws" ist das gelungen. Es klingt unglaublich, aber die Obdachlosenzeitung aus Utrecht bringt in der Novemberausgabe 2015 ein exklusives Interview mit dem Papst. Geführt hat das Interview ein Niederländer

namens Marc. Der hagere Mann Anfang fünfzig mit langem, zu einem Pferdeschwanz zusammengebundenen Haar ist gleichzeitig einer der Verkäufer der Zeitung.
Eingefädelt wurde das Interview von den Herausgebern der Zeitung. Marc wird für ein Interview mit einem „sehr berühmten Menschen" nach Rom geschickt und erfährt erst zwei Tage vor der Begegnung, wen er da befragen soll. In einer Privataudienz nimmt sich Franziskus viel Zeit für das Gespräch. „Was mir auffiel", resümiert Marc später, „war, dass er wirklich in Ruhe über meine Fragen nachdachte. Er nahm mich ernst; das war großartig." Und der Humor des Papstes fällt ihm auf: „Wir haben viel miteinander gelacht."

Tormann und Metzger

Das Interview mit der Straßenzeitung „Straatnieuws" fördert ein paar unterhaltsame Details aus der Kindheit des Papstes zutage. Als er nach der Straße gefragt wird, in der er aufgewachsen ist, erinnert sich Franziskus an einen kleinen Platz, wo er als Kind mit anderen Jungen Fußball gespielt hat. Auf die Frage, ob er ein guter Fußballer war, antwortet er mit einem entschiedenen Nein.

Er habe zwei linke Füße gehabt, wurde also „pata dura“ genannt. Aber er hat trotzdem gespielt, oft als Tormann.
Außerdem wird der Papst gefragt, ob er schon als Kind davon geträumt habe, einmal Papst zu werden. Auch hier ist die Antwort ein deutliches Nein. Der früheste Berufswunsch, an den sich Franziskus erinnern kann: Er wollte gern Metzger werden.

Tischmanieren

Tipps für das Familienleben gibt der Papst immer wieder einmal. Bei der Generalaudienz am 11. November 2015 ergreift er eine solche Gelegenheit. Im vorbereiteten Redemanuskript geht es um die Tischgemeinschaft im Leben der Familie und deren Parallelen zur Eucharistie. Von diesem theologisch durchaus anspruchsvollen Thema schlägt der Papst dann aber spontan einen Bogen zu Tischmanieren.
Ein Smartphone oder Tablet hat auf dem Esstisch nichts zu suchen. „Wenn die Kinder am Tisch ans Handy gefesselt sind und man sich nicht zuhört, dann ist das keine Familie, sondern ein Wohnheim“, lautet der markige Kommentar von Franziskus. Und sonst? Schweigen am Tisch ist dem Papst

offenbar ein Graus. „Am Tisch spricht man. Keine Ruhe.“ Schließlich teilt man nicht nur das Essen miteinander, sondern auch Aufmerksamkeit, Zuneigung und Erzählungen.

Der Papst als Rockstar

Tatsächlich: Am 27. November 2015 erscheint eine Papst-CD mit Rockmusik. Allerdings hat Franziskus dafür nicht selbst zur E-Gitarre gegriffen und sich auch nicht ans Schlagzeug gesetzt. Von ihm stammen die Texte. Auf der CD mit dem kernigen Titel „Wake up!“ werden Auszüge aus seinen Gebeten und Reden mit 70er-Jahre-Rock mit Gitarre, Keyboard und Trompetenklängen unterlegt. Ein Reporter, der den vorab veröffentlichten Titelsong bespricht, kritisiert allerdings die Klangqualität. Franziskus' Stimme klinge, „als habe er seine Debütsingle mit einem Kassettenrekorder in der Vatikangarage aufgenommen, neben dem Fiat 500“. Elf Titel in unterschiedlichen Sprachen sind auf der CD zu hören, darunter auf Englisch, Italienisch und Spanisch. Beste Voraussetzungen also für einen internationalen Erfolg.

„Ich singe wie ein Esel“

Im Gegensatz zu seinem Vorgänger im Amt ist Papst Franziskus nicht sehr musikalisch. „Ich singe wie ein Esel“, sagt er bei einem Treffen mit Vertretern der Vereinigung von katholischen Jugendchören Pueri Cantores. Nachdem ihm die Jungen und Mädchen ein Lied vorgesungen haben, dürfen sie ihm Fragen stellen, und da kommt natürlich als erstes die Frage, ob der Papst selber gern singe. Nachdem Franziskus geklärt hat, dass er lieber anderen beim Singen zuhöre, erzählt er noch eine Anekdote aus seiner Kindheit. Da habe die Mutter jeden Samstag ihn und alle Geschwister um das Radio versammelt, um gemeinsam die Opernübertragungen anzuhören. Daher kommt also die Freude am Zuhören. Nur selber singen, das kann er nicht.

Gute Vorsätze fürs neue Jahr

Zwei weitere Fragen, die die Kinder der Pueri Cantores beim Treffen mit Franziskus stellen, sind ebenfalls spannend: Auf die eine Frage, ob er nie zornig werde, antwortet Franziskus verschmitzt: „Ja, ich werde zornig, aber ich beiße nicht!“ Als Mittel gegen den Zorn empfiehlt er, miteinander zu reden. Die zweite Frage würde sich ein Erwachsener vielleicht gar nicht trauen, dem Papst zu stellen. Es ist der 31. Dezember 2015, und da möchte einer der kleinen Sänger wissen, welche guten Vorsätze sich der Papst fürs neue Jahr vorgenommen habe. Die Antwort überrascht dann nicht ganz so sehr: mehr beten.

Unfreiwilliges Ministerpräsidenten-Treffen

Ende Februar ereignet sich im Vatikan ein heiteres Thüringer Kammerspiel. Es ist so schön wie eine gelungene Verwechslungskomödie oder eigentlich sogar noch schöner, weil nichts davon erfunden ist: Zeitgleich und ohne dass die Akteure voneinander wissen, befinden sich der amtierende thüringische Ministerpräsident und sein Vorvorgänger in Rom. Beide haben einen Termin beim Papst, der eine beim amtierenden, der andere bei seinem Vorgänger. Beide steigen zufällig im gleichen Hotel ab.

Da kommt es auf der Dachterrasse des Hotels zum Höhepunkt der Komödie beziehungsweise zur unverhofften Begegnung: Dieter Althaus (CDU),

ehemaliger Ministerpräsident Thüringens, plaudert beim Espresso gerade entspannt mit Walter Kardinal Kasper – am Nachmittag ist er noch bei Benedikt XVI. eingeladen –, als Bodo Ramelow (Die Linke) die Dachterrasse betritt. Hier wollte er eigentlich vor malerischer Romkulisse die Pressekonferenz nach seiner Audienz bei Papst Franziskus abhalten. Doch die wurde wegen Unwohlseins des Papstes auf den nächsten Tag verschoben. „Ramelow trifft Althaus statt Papst" titelt die Thüringer Allgemeine am nächsten Tag.
Beide Männer, die politisch äußerst wenig verbindet, machen gute Miene zum Kammerspiel und freuen sich über die „ökumenische Eintracht" unter römischem Himmel. Kleines Nachspiel: Am nächsten Tag trifft der amtierende Ministerpräsident dann doch noch den amtierenden Papst.

„Herzen haben sich berührt"

Nach der geglückten Begegnung mit Papst Franziskus ist Bodo Ramelow, um es vorsichtig auszudrücken, höchst bewegt. Über Gesprächsinhalte sagt er nichts Konkretes. Um die wahre Dimension seines Erlebnisses zu erfassen, braucht Ramelow recht emotionale Formulierungen: „Die

Bilder, die ich in mein Herz aufgenommen habe, waren sehr eindrücklich. Ich brauch da noch ein paar Tage, um diese Eindrücke zu verarbeiten. Ich hatte das Gefühl, Herzen haben sich berührt." Auch das Zeitempfinden habe er bei der Begegnung völlig verloren, gefühlt habe sie eine Ewigkeit gedauert. Die Protokollchefin konkretisiert schließlich: 30 Minuten seien es gewesen.

Nicht so viele Worte machen

Deutlich nüchterner als der thüringische Ministerpräsident äußert sich eine andere Teilnehmerin der Thüringer Delegation. Sie stand dabei eher in der sprichwörtlichen zweiten Reihe beziehungsweise beim offiziellen Foto mit dem Papst ganz außen am Rand: Manuela Wenzel, die Leiterin der Flüchtlingssozialarbeit der Caritas und Diakonie in Weimar, wird gefragt, ob sie mit zum Papst fliegen will, weil noch jemand gesucht wurde, der schon länger in der Flüchtlingsarbeit engagiert ist. Sie denkt sich, „warum eigentlich nicht", und da sie ein wenig Spanisch spricht, legt sie sich vorher ein, zwei Sätze zurecht, die sie dem Papst sagen könnte.

Bei der eigentlichen Begegnung, meint sie, wurde

dann aber gar nichts Weltbewegendes besprochen. „Er sagt lediglich: ‚Betet für mich!‘ Das hat mich erst mal irritiert.“ Doch dann kommt ihr der Gedanke, dass der Papst ja nicht bei jeder Audienz die Botschaften wiederholen muss, die ohnehin in seinen Predigten und Schriften stecken. „Ich habe diese Begegnung für mich eher als Auftrag verstanden, nicht so viele Worte zu machen: Du kennst das Evangelium, setze es um!“ Das Resümee von Ramelow bildet dazu einen beinahe komischen Kontrast.

Ein Wink mit dem Zaunpfahl

Wie viel in der Kurie tatsächlich getratscht wird, darüber kann man als Außenstehender nur Vermutungen anstellen. Es fällt aber auf, dass Papst Franziskus immer wieder einmal vor Geschwätzigkeit warnt. Auch bei den berühmt gewordenen 15 Krankheiten der Kurie, die Franziskus beim Weihnachtsempfang 2014 aufzählt, ist die „Krankheit des Geredes, des Gemunkels und des Tratsches“ dabei: „Es ist die Krankheit der Feiglinge, die nicht dcn Mut besitzen, etwas unmittelbar anzusprechen und daher hinter dem Rücken reden.“

Zu Beginn der Fastenzeit im Februar 2016 gibt es

zur Beherzigung einen freundlichen Wink mit dem Zaunpfahl vom Papst. Der lässt an der Eingangstür zum Apostolischen Palast eine ungewöhnliche Marienikone anbringen. Auf dem Bild legt sie den rechten Zeigefinger auf die Lippen. Man kann das mahnende „Pssst“ fast hören. „Vergine del silenzio“ („Madonna des Schweigens“) steht darunter. Die Aktion ist sicher nicht ohne Hintergedanken. Gut sichtbar genau zwischen den Türen der Fahrstühle mahnt die Madonna des Schweigens jeden, der im Apostolischen Palast ein und aus geht.

Beten? Ein schlechtes Zeichen

Unfreiwillig komisch wirken die Berichte mancher Medien, die sich offensichtlich nicht sehr ausführlich mit dem Thema Papst auseinandersetzen. Als Papst Franziskus zum dritten Jahrestag seines Pontifikatsbeginns die Worte „Betet für mich“ twittert, da gibt das den wenigsten Gläubigen Rätsel auf. Schließlich hat Franziskus bereits kurz nach seiner Wahl die Menschen gebeten, für ihn zu beten. Und in persönlichen Begegnungen äußert er diese Bitte immer wieder. Für ein Kirchenoberhaupt ist es auch im Grunde nichts Ungewöhnliches, der Macht des Gebets zu vertrauen.

Das sieht die Bild-Zeitung aber anders. Sie zeigt sich höchst alarmiert. Der Papst bittet um Gebete – das kann nichts Gutes bedeuten! „Sorge um Papst Franziskus: Ist er schwer krank?“, titelt dann die Bild-Zeitung in gewohnt dramatischer Manier. Zum Glück erfreut sich der Papst bester Gesundheit. Er betet tatsächlich in guten wie in schlechten Zeiten.

Der Papst auf Instagram

Er ist so cool“, lautet einer der ersten Fan-Kommentare auf die Nachricht, dass Papst Franziskus von nun an auf Instagram Fotos und Videos aus seinem Leben veröffentlicht. Dabei geht es dem Papst eigentlich nicht um Coolness, sondern darum, seine Botschaften besser unters digital vernetzte Volk zu bringen. Das funktioniert offenbar prächtig: Innerhalb weniger Stunden hat Franziskus auf der Bilderplattform 1,2 Millionen Anhänger. Dabei hat er für den Anfang bloß drei Fotos und ein kurzes, etwas unscharfes Video hochgeladen, in dem er sagt: „Ich beginne einen neuen Weg, um mit euch den Weg der Barmherzigkeit und der Zärtlichkeit Gottes zu gehen.“
Der richtige Account heißt übrigens @Franciscus.

Bis dahin hatte es auf Instagram nur gefälschte Papstkonten mit Namen wie @papst_franziskus oder @pope_francis_official_page gegeben.

Wer zuerst kommt, liegt zuerst

Man weiß gar nicht, soll man lachen oder weinen. Und wie viel schwarzen Humor braucht man, um diese Meldung in ein Buch mit „Anekdoten" aufzunehmen? Um es kurz zu machen: Im März 2016 wird im Petersdom ein neues Papstgrab fertiggestellt. Der weiße Marmorsarkophag befindet sich in den Vatikanischen Grotten, einer große Krypta mit bisher 23 Papstgräbern. Das neue Grab trägt noch keine Inschrift. Entweder wird Benedikt XVI. oder Franziskus hier beerdigt – je nachdem, wer zuerst stirbt.

Spontaner Beichtvater

Ende April 2016 sind Zehntausende Jugendliche aus aller Welt in Rom versammelt. Das Treffen ist Teil des Heiligen Jahres der Barmherzigkeit. Der abschließende Höhepunkt ist eine Messe mit dem

Papst am 24. April. Am Samstag vorher wird der Petersplatz zum Beichtstuhl. 150 Priester nehmen den Jugendlichen unter freiem Himmel die Beichte ab. Man sitzt über den ganzen Platz verteilt auf einfachen schwarzen Plastikstühlen.
Plötzlich gesellt sich ein weiterer Beichtvater dazu. Er sticht optisch gar nicht hervor, weil auch einige andere Priester ein weißes Gewand tragen. Ist er es wirklich? Ja, das ist tatsächlich der Papst, der sich unangekündigt unter die Jugendlichen mischt. Über eine Stunde lang kann man auf dem Schemel neben ihm Platz nehmen und beichten. Am Ende verabschiedet er sich von den Jugendlichen mit einem lässigen „ciao ragazzi“ (Tschüss, Leute“).

Nicht auf dem neuesten Stand

Wenn der Papst Staatsoberhäupter zu einer Privataudienz empfängt, ist es Brauch, Geschenke auszutauschen. Bei manchen Geschenken geht es nur um die große Geste und das Prestige, andere Gäste machen sich wirklich Gedanken, was dem Papst gefallen könnte. Ob er dann tatsächlich die Zeit hat, die Gesamtausgabe Hölderlins zu lesen, die ihm Angela Merkel bei ihrer ersten Privataudienz 2013 mitgebracht hat, sei dahingestellt.

Ein besonders seltsames – man möchte fast sagen unpassendes – Geschenk bekommt Franziskus aber im Mai 2016 von Trajko Veljanoski, dem Präsidenten des mazedonischen Parlaments. Mit großartiger Geste präsentiert er dem Papst ... eine mit goldenen und weißen Perlen bestickte Tiara, also die Papstkrone, die schon seit den 1960er Jahren nicht mehr getragen wird. Er wolle mit dem Geschenk den feierlichen Charakter seines Besuchs unterstreichen, sagt Veljanoski fast entschuldigend. Vielleicht spürt er, dass das Geschenk nicht so richtig den Nerv der Zeit trifft. Ob er weiß, wen er da vor sich hat?
Franziskus bedankt sich höflich. Wirklich gefreut haben wird ihn das Geschenk aber nicht. „Er hat die Krone nicht aufgesetzt“, heißt es lapidar aus dem Vatikan. Wenn man bedenkt, dass sich der Papst sonst bereitwillig vom Feuerwehrhelm bis zum Sombrero alle möglichen Kopfbedeckungen aufsetzt, die ihm bei verschiedenen Gelegenheiten gereicht werden, so ist die Reaktion schon deutlich genug.

Darauf ein Gläschen Schnaps!

Als am 18. Mai 2016 eine Delegation der schweizerischen Stiftung „Fondation Barry“ mit einem Bernhardiner namens Magnum zur Generalaudienz erscheint, fragt Franziskus als Erstes, wo denn das Fässchen sei, das Bernhardiner sonst um den Hals tragen. Mit anderen Worten: Wo ist der Schnaps? So stellt man sich die Lebensretter aus den Schweizer Bergen gern vor: Mit einem guten Tropfen in einem kleinen Holzfässchen, das sie um den Hals tragen, eilen sie Verunglückten zu Hilfe. Die Stiftung hat die Bernhardiner-Zucht von den Augustiner-Chorherren vom Großen Sankt Bernhard übernommen. Ziel des Besuchs beim Papst ist, die Region des Großen Sankt Bernhard nebst Hundezucht ins Weltkulturerbe der UNESCO aufnehmen zu lassen.

Claudio Rossetti, der Magnum an der Leine führt, erklärt dem Papst, dafür sei der 17 Monate alte Bernhardiner noch nicht alt genug. Es gibt also nicht nur eine Altersbeschränkung für den Genuss von Alkohol, sondern auch für den Transport von Hochprozentigem! Der Papst fragt aber nicht weiter nach, sondern beschließt: „Dann muss er noch mal mit dem Fass wiederkommen, wenn er größer ist.“ Für diesen Fall stellt sich Franziskus schon einmal mit dem gemütvollen Hund gut: Magnum wird ausgiebig gestreichelt und am Ende auch gesegnet.

Grüße auf Deutsch

Ende Mai findet in Leipzig der 100. Katholikentag in Deutschland statt. Katholische Christen sind hier mit vier Prozent eine kleine Minderheit. Doch für den Zeitraum vom 25. bis 29. Mai weht ein besonderer Wind in der sächsischen Metropole. Bei der Eröffnungsfeier auf dem gut gefüllten Marktplatz wird die Grußbotschaft des Papstes als Video auf einer großen Leinwand ausgestrahlt. Anders als früher üblich wendet sich Franziskus nicht hauptsächlich an den gastgebenden Bischof, sondern direkt an die Menschen, seine „lieben Brüder und Schwestern". Und was viele noch mehr erstaunt: Er spricht Deutsch!

Sein Studienaufenthalt in Deutschland in den 80er Jahren ist zwar schon eine ganze Weile her, aber Franziskus redet flüssig und gut verständlich, mit weicher Aussprache, kämpft nur bei wenigen Worten mit der Betonung. Er bittet die Menschen, füreinander aufmerksam zu sein: „Es ist nicht das Machen oder der äußere Erfolg, der zählt, sondern die Fähigkeit, stehen zu bleiben, hinzuschauen, aufmerksam zu sein gegenüber dem Mitmenschen und ihm zu geben, was ihm wirklich fehlt."

Auch mal was riskieren

Geh nah ran an die Probleme, geh aus dir selbst heraus und riskier es: Riskier es. Sonst wird dein Leben allmählich ein gelähmtes Leben: glücklich, zufrieden, mit der Familie, aber geparkt. Es ist sehr traurig, geparkte Leben zu sehen; Menschen, die wie Mumien im Museum wirken. Riskier etwas! Und wenn du einen Fehler machst – gelobt sei der Herr."

Papst Franziskus beim Besuch eines römischen Studienkollegs

Wenn es nicht wahr ist, dann ist es gut erfunden

Benedikt ist im Kloster und betet. Ich habe ihn viele Male besucht oder mit ihm telefoniert (...) Für mich ist er der emeritierte Papst, der weise Großvater, der Mann, der mir die Schultern frei hält und den Rücken deckt mit seinem Gebet. Nie werde ich jene Ansprache vergessen, die er uns Kardinälen am 28. Februar gehalten hat: ‚Einer von euch wird mit Sicherheit mein Nachfolger sein. Ich verspreche ihm Gehorsam.' Und er hat es getan. Später habe ich gehört – aber ich weiß nicht, ob es wahr ist; ich unterstreiche: Ich habe gehört, vielleicht sind es Gerüchte, aber sie stimmen mit seinem Charakter überein –, dass einige dorthin gegangen sind, um sich zu beklagen, denn ‚dieser neue Papst ...‘, und er hat sie fortgejagt! Im besten bayerischen Stil: wohlerzogen, aber er hat sie fortgejagt. Und wenn es nicht wahr ist, dann ist es gut erfunden, denn dieser Mann ist so: Er ist ein Mann, der Wort hält; ein ganz, ganz geradliniger Mann!“

Papst Franziskus beim Rückflug von Armenien als Antwort auf die Frage nach der Rolle von Benedikt XVI., 26. Juni 2016

DIE ZEICHEN STEHEN AUF GRÜN

„Papst Franziskus empfängt einen praktisch bei der Tür und dann ist es einfach so mitbrüderlich. Er fragt auch: Wie denkst du über dies und jenes? Was hast du für Vorschläge?"

Bischof Erwin Kräutler, der Papst Franziskus bei Laudato si' beraten hat

„Laudato si' kommt zur richtigen Zeit. Diese Enzyklika wird die katholische Kirche prägen, aber auch darüber hinaus wirken. Franziskus beschreibt wunderbar den Platz des Menschen: Die Erde wurde uns geliehen. Sie gehört uns nicht."

Barbara Hendricks, Bundesministerin für Umwelt

„Tief bewundere ich die Entscheidung des Papstes, seine Argumente für ein dringliches Handeln in Fragen des globalen Klimawandels klar, kraftvoll und mit der vollen moralischen Autorität seines Amtes vorzubringen."

Barack Obama

Die Öko-Enzyklika

Das große Thema Ende Juni 2015 ist die neue Enzyklika von Papst Franziskus. Seit Monaten wird sie erwartet, wird darüber spekuliert, und schließlich wird sie – drei Tage vor dem eigentlichen Erscheinungstermin am 18. Juni 2015 – auch noch geleakt! Die italienische Zeitschrift L'Espresso kann es offenbar nicht abwarten und stellt Teile der Enzyklika vorab ins Internet. Journalistisch korrektes Verhalten ist das nicht, und so wird dem zuständigen Journalisten auch die Akkreditierung entzogen.

Dass es um Umweltthemen geht, ist schon länger bekannt. Gleich zu Beginn seines Pontifikats zeichnet sich dieses Thema ab. Drei Tage nach seiner Wahl zum Papst hatte Franziskus die Wahl seines Namens erklärt: Er nenne sich nach Franz von Assisi. „Er ist für mich der Mann der Armut, der Mann des Friedens, der Mann, der die Schöpfung liebt und bewahrt. Gegenwärtig haben auch wir eine nicht sehr gute Beziehung zur Schöpfung, oder?"

Der Titel „Laudato si'" greift den Sonnengesang von Franziskus auf, und die Enzyklika ist ein Aufruf an alle, das „gemeinsame Haus" zu bewahren. Franziskus ist damit der erste Papst, der dem Thema Umweltschutz eine ganze Enzyklika widmet.

Die grüne Aktentasche

Bereits vor der Veröffentlichung seiner Umwelt-Enzyklika bekommt Papst Franziskus die richtige Verpackung dafür. Bei einer Privataudienz schenkt ihm der tschechische Staatspräsident Milos Zeman fünf Aktentaschen in den Farben Schwarz, Weiß, Rot, Rosa und Grün. Besonders die grüne Tasche gefällt dem Papst, und er kommentiert sie mit den Worten: „Die ist perfekt, um meine nächste Enzyklika über die Bewahrung der Schöpfung zu transportieren."

Öko-Latein

Ursprünglich schreibt Papst Franziskus seine Umwelt-Enzyklika auf Spanisch. Danach wird sie recht schnell auf Arabisch, Deutsch, Englisch, Französisch, Italienisch, Polnisch und Portugiesisch übersetzt. Für die offizielle lateinische Übersetzung braucht man allerdings mehr Zeit. Erst Ende September, also über drei Monate später, liegt sie vor. Der Grund: Für viele Fachausdrücke mussten erst Umschreibungen gefunden oder neue lateinische Ausdrücke geschaffen werden. Gar nicht so einfach, in einer eigentlich toten Sprache

Übersetzungen für „Treibhausgase", „Kohlenstoffkreislauf", „Mikroorganismen" oder „Emissionszertifikate" zu finden!

Im Smog von New York

Eine von mehreren Premieren bei der Papstreise in die USA im September 2015: Zwar ist Franziskus bereits der vierte Papst in der Geschichte, der vor der UNO-Vollversammlung spricht, aber niemals zuvor hat ein Papst die jährliche Vollversammlung eröffnet und vor so vielen Staats- und Regierungschefs gesprochen. So wird zum ersten Mal überhaupt vor dem UNO-Hauptsitz in New York offiziell die Vatikanfahne gehisst. In seiner Rede wirbt Franziskus eindringlich für den Umweltschutz, der für ihn immer auch mit sozialer Gerechtigkeit verbunden ist – ganz im Einklang mit der jüngsten Enzyklika *Laudato si'*. Nur zu viel Zeit sollten sich die Staatschefs nicht lassen, mahnt Franziskus. Die Sache eilt.

Am Abend des gleichen Tages feiert der Papst mit 20 000 Menschen eine Messe im „Madison Square Garden", einem riesigen Stadion in New York, wo sonst vor allem Konzerte oder Basketballturniere und Wrestling-Wettkämpfe stattfinden. Um den

Besucherandrang zu regulieren, gibt es kostenlose Eintrittskarten für die Messe. Diese sind so heiß begehrt, dass sich sogar ein Schwarzmarkt dafür entwickelt. Anscheinend hat Franziskus am Abend noch seine Rede für den Umweltschutz vom Vormittag im Kopf, denn den Predigttext aus Jesaja „Das Volk, das im Dunkel lebt, sieht ein helles Licht“ übersetzt er mit eigenen Worten so: „Das Volk, das mitten im Smog wandelt, atmet, lebt, es sieht ein helles Licht, erfährt frische Luft.“

Papst geht zur Demo

Nicht ganz. Im Grunde sind seine Schuhe ohne ihn dort. Anlass ist der Beginn des UN-Klimagipfels am 30. November 2015 in Paris. Weltweit gehen Umweltaktivisten auf die Straße, um Druck auf die Konferenzteilnehmer auszuüben und um für eine Begrenzung der Erderwärmung zu demonstrieren. In Paris selbst sind Großkundgebungen zu diesem Zeitpunkt aber verboten. Erst zwei Wochen liegen die Terroranschläge zurück, denen an einem Abend in Paris 130 Menschen zum Opfer fallen.

Deshalb setzen die Aktivisten auf dem Place de la République ein Zeichen: Anstelle von echten

Demonstranten sind dort stellvertretend deren Schuhe versammelt. Etwa 10 000 Paar Schuhe stehen hier. Unter ihnen auch ein Paar Schuhe von Papst Franziskus. Nach Paris gebracht hat sie der brasilianische Kardinal Claudio Hummes. Weil die schwarzen Treter nicht gleich ins Auge fallen, steht ein Namensschild daneben und ein Hinweis auf die Umweltenzyklika Laudato si'. Die Papstschuhe sorgen für Aufmerksamkeit.

Beim Angelus am 6. Dezember – da ist die Klimakonferenz noch in vollem Gange – ruft Franziskus die Teilnehmer noch einmal sehr deutlich dazu auf, „in Paris jede Anstrengung [zu unternehmen], die Auswirkungen des Klimawandels abzumildern". Er ruft zum Gebet auf ... und am Ende wird der Klimagipfel tatsächlich ein Erfolg!

Der rettende Anruf

Dass der Klimagipfel in Paris erfolgreich ist und dass es nun erstmals einen Weltklimavertrag gibt, der für alle Staaten gilt, ist lange Zeit gar nicht sicher. Es ist vielmehr ein zähes Ringen um einzelne Formulierungen im Klimavertrag bis hin zu ganz grundsätzlichen Fragen. Bis zuletzt geht es darum, Eskalationen zu verhindern, damit in

der entscheidenden Sitzung alle Klimadiplomaten dem Vertrag zustimmen.
Besonders unkooperativ ist dabei Nicaragua. Der Chefunterhändler betont immer wieder, dass sein Land keinesfalls zustimmen wird. Er lehnt es konsequent ab, nationale Klimaschutzziele festzulegen. Als keine Lösung in Sicht ist, setzt die französische Regierung schließlich auf Unterstützung von ganz oben.
Ein Diplomat mit gutem Draht zum Papst bittet diesen um seine Hilfe. Und Franziskus löst das Problem auf die ihm eigene Art: Er greift zum Telefon und ruft an entscheidender Stelle in Nicaragua an. Was genau er sagt und mit wem er da spricht, dringt nicht an die Öffentlichkeit. Doch die Wirkung ist offensichtlich: Bei der abschließenden Sitzung hat der Chefunterhändler Nicaraguas neue Order bekommen und unterzeichnet den Vertrag ebenfalls. Ein historischer Klimavertrag ist unter Dach und Fach.

Ein berühmter Fan

Regie: Wim Wenders" könnte nach der offiziellen Eröffnung des Heiligen Jahres der Barmherzigkeit im Abspann der Live-Übertragung stehen.

Ein großer Name – schließlich ist Wim Wenders ein weltbekannter Regisseur, preisgekrönt und mehrfach für den Oscar nominiert. Zu seinen Werken zählen Filme wie „Der Himmel über Berlin", „Buena Vista Social Club" oder „Pina". Und nun eben auch die Eröffnungsfeierlichkeiten des Heiligen Jahres der Barmherzigkeit. Das Vatikanische Fernsehzentrum CTV hat er bei der Live-Übertragung künstlerisch beraten.
Auch wenn die meisten Kinogänger es nicht wissen: Wim Wenders ist ein großer Fan von Papst Franziskus. Der Papst ist in seinen Augen „ein Mann Gottes voller Liebe, Mitleid und Weisheit". Besonders die Enzyklika *Laudato si'* hat es ihm angetan. Wenders nennt sie „eines der wichtigsten Dokumente des 21. Jahrhunderts". Diese Enzyklika lese sich wie der Brief eines guten Freundes. Nicht belehrend sei sie geschrieben, sondern man höre da „die freundliche Stimme von jemandem, der seine Gedanken mit mir teilen will".

Hollywood im Vatikan

Damit ein Hollywoodstar eine Privataudienz beim Papst bekommt, reicht es nicht, ein guter Schauspieler zu sein. Den Papst persönlich zu

treffen, ist deshalb auch für Menschen, die auf den roten Teppichen dieser Welt zu Hause sind, etwas ganz Besonderes.
Ein zufriedenes Grinsen kann an diesem Donnerstag Ende Januar 2016 auch Leonardo DiCaprio nicht unterdrücken. Er ist beim Papst eingeladen! Der Grund dafür ist nicht etwa Leos neuester Film „The Revenant", für den er einige Wochen später seinen ersten Oscar bekommt, sondern sein Engagement für den Umweltschutz. Seit 1998 gibt es eine nach ihm benannte Stiftung, die sich für die Rettung des Regenwaldes und den Schutz bedrohter Tierarten einsetzt. Und so spricht er mit dem Papst, der ihm bei dieser Gelegenheit gleich seine Umwelt-Enzyklika überreicht, über den Klimawandel.

Zu Gast beim Earth Day

Vom 22. bis 25. April 2016 findet in Rom ein Umwelt-Event statt, gemeinsam veranstaltet von der Fokolar-Bewegung und der Initiative Earth Day Italia. Der Ort der Veranstaltung ist die Parkanlage Villa Borghese, in der ein kleines Dorf aufgebaut ist: das „Villaggio per la Terra" (Dorf für die Erde). Hier gibt es Workshops, Seminare, Debatten, Konzerte ...

Es ist Sonntagnachmittag und gerade spielt die international besetzte Frauenband „Gen Verde", als sich unangekündigt Papst Franziskus unters Publikum mischt. Die Besucher trauen ihren Augen kaum, aber der Papst hört seelenruhig der Band zu, ehe er sich mit den Menschen unterhält, schließlich auch eine kleine Ansprache hält. Dabei erzählt er, wie ihm beim Zuhören zwei Bilder in den Sinn gekommen sind: die Wüste und der Wald. Als er dann die Menschen ermutigt, Wüsten in Wälder zu verwandeln, meint er das eher im übertragenen Sinne. Bei Franziskus sind Umweltthemen eben immer auch auf Menschen bezogen. Und wie lassen sich menschliche Wüsten begrünen? Durch Freundschaft, Mitmenschlichkeit und Respekt füreinander.

Mit der Straßenbahn zum Weltjugendtag

Ende Juli 2016 findet im polnischen Krakau der 31. Weltjugendtag statt. Fünf Tage lang kommen hier Jugendliche aus aller Welt zusammen. Ein prominenter Teilnehmer: Papst Franziskus. Zur großen Begrüßungsfeier im Krakauer Jordan-Park reist er in einem ungewöhnlichen Verkehrsmittel an: nicht etwa im Papamobil oder dem häufig benutzten Fiat, sondern mit der Straßenbahn. Zugegeben: Die „Tram del Papa“ steht nicht im normalen Fahrplan, sondern ist eine Sonderfahrt. Außer dem Papst gehören einige behinderte Jugendliche zu den Passagieren. Zu einem umweltbewussten Papst passt die Nutzung öffentlicher Verkehrsmittel in jedem Fall.

Recycling-Messgewand

Ein ökologisch vorbildliches, weil aus Recyclingmaterial hergestelltes Messgewand trägt Papst Franziskus beim Weltjugendtag. Hergestellt haben es irakische Jugendliche. In einem Brief an den Papst greifen sie das Bild von der Wegwerfkultur auf, das Franziskus immer wieder benutzt. Sie selbst fühlten sich als Opfer der „Wegwerfkultur“ böser Menschen, heißt es im Brief. „Wir haben diese Gewänder aus recyceltem Material hergestellt. Aber die schönen Dinge, die Gott preisen, sind ja oft Sachen, die zuvor abgelehnt wurden.“

Die seltsamen Erdenbewohner

Es gibt mehr ökologisches Empfinden in der Bevölkerung, auch wenn es nicht reicht, um die schädlichen Konsumgewohnheiten zu ändern, die nicht nachzulassen scheinen, sondern sich verbreiten und entwickeln. Das ist es – um nur ein einfaches Beispiel zu bringen –, was mit dem ständig zunehmenden Gebrauch und der steigenden Intensität der Klimaanlagen geschieht. Die Märkte, die davon unmittelbar profitieren, regen die Nachfrage immer noch mehr an. Wenn jemand die Erdenbewohner von außen beobachten würde, würde er sich über ein solches Verhalten wundern, das bisweilen selbstmörderisch erscheint.“

Papst Franziskus in der Enzyklika Laudato si‘, 55

SEELSORGER DER BARMHERZIGKEIT

„Dieser Papst ist für mich ein Leuchtturm, eine Lichtgestalt.“

Oskar Lafontaine

„Franziskus ist „ein Mann Gottes voller Liebe, Mitleid und Weisheit“.

Wim Wenders, Regisseur

„Franziskus ist zuallererst Mensch. Das spüren die Leute. Und sie spüren, dass er glaubwürdig ist, dass er lebt, was er sagt. Er will Menschen begegnen.“

Kardinal Walter Kasper

„Franziskus’ Leben ist geprägt von Mitgefühl, Liebe und Vergebung, und das ist auch die Basis seines Pontifikats.“

Roberto Benigni, Komiker und Schauspieler („Das Leben ist schön“)

Ideen für die Flüchtlingshilfe

Es ist das Thema im Sommer 2015: die Flüchtlingskrise in Europa. Angesichts immer dramatischer steigender Flüchtlingszahlen ist die Unsicherheit groß. Helfen oder abschieben? Aufnehmen oder Grenzen dicht machen? Die Haltung des Papstes ist klar. Aber im September überrascht er mit einem ganz konkreten Aufruf an die Kirchen in Europa: Beim Angelus am 6. September sagt er: „Jede Pfarrei, jede Ordensgemeinschaft, jedes Kloster, jedes Heiligtum Europas soll eine Familie aufnehmen, angefangen bei meinem Bistum Rom." Er bittet die Bischöfe Europas, diesen Aufruf in ihren Bistümern zu unterstützen.

Und es wird tatsächlich konkret: „Auch die beiden Pfarreien des Vatikans werden in diesen Tagen zwei Flüchtlingsfamilien aufnehmen", kündigt Franziskus gleich an. Er macht nicht nur Worte, sondern lässt sofort Taten folgen. Die Familien werden im Vatikan medizinisch betreut, und sie sollen eine Arbeit finden.

Den Aufruf unterstützen viele Bischöfe. Manche wenden sich aber auch gegen den Papst. In Ungarn ist beispielsweise nicht nur die Stimmung der Bevölkerung eher ablehnend bis aggressiv. Auch der Bischof László Kiss-Rigó aus dem Bistum im Süden Ungarns meint, der Papst habe keine Ahnung von der tatsächlichen Lage. In Italien kommt dagegen einiges in Bewegung, und sehr viele Flüchtlinge kommen in Pfarreien und Klöstern unter.

Überraschungsbesuch bei Obdachlosen

Im Oktober 2015 ist der Schlafsaal für Obdachlose fertig, der in der Nähe des Petersplatzes eingerichtet wurde. Die Unterkunft heißt „Dono di Misericordia" („Geschenk der Barmherzigkeit"). 34 Betten stehen hier. Um die Obdachlosen kümmern sich Mutter-Teresa-Schwestern, die bereits zwei andere ähnliche Einrichtungen in Rom betreuen. Am 7. Oktober wird die Unterkunft eingeweiht, und schon eine Woche später schaut plötzlich Franziskus vorbei. Zu diesem Zeitpunkt ist die Bischofssynode gerade in vollem Gange, und der Papst hat eigentlich mehr als genug um die Ohren, sollte man meinen. Umso bemerkenswerter, dass er von der Synode auf einen Sprung vorbeikommt. 30 Gäste sind da gerade anwesend. Franziskus begrüßt jeden Einzelnen und lässt sich Details der Einrichtung erklären.

Heilige Pforten im Knast

Gefangenenseelsorge ist dem Papst ein Herzensanliegen. Die Gefängnisse sind für ihn ein Rand der Gesellschaft, und „an die Ränder zu gehen" ist etwas, wozu er Christen seit Beginn seines Pontifikats auffordert. Ende Oktober 2015 schenkt er den Häftlingen im Gefängnis von Pordenone in der Nähe von Venedig jeweils einen Rosenkranz und zwei Bücher mit Ansprachen von Papst Franziskus bei Besuchen in Gefängnissen.

Eine recht ungewöhnliche Idee hat er außerdem: Während des Heiligen Jahres der Barmherzigkeit gilt die Zellentür eines Häftlings als Heilige Pforte. Jedes Mal wenn ein Häftling durch seine Zellentür hindurchgeht und dabei betet, erhält er den Heilig-Jahr-Ablass. So hat sich also die Zahl der Heiligen Pforten mit einem Schlag vervielfacht.

Abseits des Zentrums

Offiziell eröffnet Papst Franziskus das Heilige Jahr der Barmherzigkeit am 8. Dezember 2015 im Vatikan, genauer gesagt im Petersdom, wo es für diesen Zweck die Heilige Pforte gibt, die sonst verschlossen und zugemauert ist. Es ist ein Ereig-

nis, das die Weltöffentlichkeit verfolgt und von dem die Medien berichten. Auch weil gleich nach Franziskus der emeritierte Papst Benedikt als zweiter durch diese Heilige Pforte geht, und weil sich zur feierlichen Messe etwa 50 000 Gläubige auf dem Petersplatz versammeln.
Tatsächlich gibt Papst Franziskus den Startschuss für das außerordentliche Heilige Jahr aber bereits einige Tage früher. Weit weg von Rom. Am 29. November, dem ersten Advent, öffnet er bei seinem Besuch in der Zentralafrikanischen Republik eine heilige Tür der Kathedrale von Bangui. Damit rückt er einmal mehr einen wenig beachteten Ort ins Zentrum der Aufmerksamkeit. Er sagt: „Heute wird Bangui die geistliche Hauptstadt der Welt. Das Heilige Jahr der Barmherzigkeit kommt im Voraus in dieses Land. [...] Wir alle bitten um Frieden, Barmherzigkeit, Versöhnung, Vergebung, Liebe."

Lichtshow am Petersdom

Die Touristen wundern sich: Ist der Petersdom verschwunden? Müsste bei Einbruch der Dunkelheit nicht die Kuppel beleuchtet sein? Auch besorgte Journalisten fragen nach. Warum der Petersdom Anfang Dezember 2015 einen Abend lang dunkel bleibt, klärt sich aber schnell auf. Die Eröffnungsfeier für das Heilige Jahr der Barmherzigkeit soll mit einer Lichtshow enden, bei der Bilder auf die Fassade und Kuppel des Petersdoms projiziert werden. Dafür werden im Vorfeld technische Tests durchgeführt. Die Fotos sind übrigens vom Motto der Enzyklika Laudato si' („Über die Sorge für das gemeinsame Haus") inspiriert. Sie zeigen Naturmotive und Menschen, die ganze Bandbreite von Schöpfung, Zerstörung und neuem Wachstum.

Heilige Pforte am sozialen Brennpunkt

Der Hauptbahnhof Roma Termini gilt als sozialer Brennpunkt in Rom. Viele der etwa 8 000 Obdachlosen Roms und nicht wenige Flüchtlinge halten sich hier auf. Eine Caritas-Station bietet 200 Schlafplätze und gibt jeden Tag 500 Mahlzeiten aus.

Kurz vor Weihnachten 2015 öffnet Papst Franziskus hier eine Heilige Pforte – die einzige in Rom, die nicht Teil einer Kirche ist. Und er feiert – vor der Essensausgabe der Caritas-Station – eine Messe mit Obdachlosen, Bedürftigen und ehrenamtlichen Helfern. Der Altar ist sehr schlicht, auch die Heilige Pforte wirkt unauffällig. Es ist ein Signal, damit „Türen und Herzen aller Römer“ sich öffnen, wie Franziskus erklärt.

Ein bisschen aus dem Rahmen fallen

Es ist auf den ersten Blick eine kuriose Mischung: Ein italienischer Komiker, ein chinesischer Häftling und der vatikanische Kardinalsstaatssekretär stellen gemeinsam ein Buch vor. Wer bringt eine solche Mischung zustande? – Der Papst beziehungsweise sein neu erschienenes Buch zum Thema Barmherzigkeit. Das Buch „Der Name Gottes ist Barmherzigkeit“ besteht aus einem langen Papst-Interview des Journalisten Andrea Tornielli. Es erscheint im Januar 2016 gleichzeitig in 84 Ländern. Warum der italienische Komiker Roberto Benigni bei der Buchpräsentation mitwirkt? „Ich wollte eine Präsentation, die ein bisschen aus dem Rahmen fällt“, erklärt Tornielli. Der Plan geht auf; es wird eine sehr unterhaltsame Buchvorstellung, bei der Benigni immer wieder für Lacher sorgt. Der chinesische Gefängnisinsasse Zhang Agostino Jiaqin, der sich während seiner Haft zum Katholizismus bekehrt hat, berichtet von seiner Erfahrung mit dem Thema Barmherzigkeit. Der Kardinalstaatssekretär liest ein paar Passagen aus dem Buch vor. Und Benigni scherzt: „Gott hat ja – wie es im Psalm 50 heißt – sogar die schrecklichste Sünde vergeben: die Tötung des Mannes der Geliebten. Ich glaube niemand hier im Saal im Vatikan hat sowas gemacht."

Ein Chef trauert

Ein tragischer, rätselhafter Todesfall ereignet sich im Februar 2016, der vielleicht nicht gerade den Vatikan erschüttert – viele Kurienmitglieder bekommen wahrscheinlich nicht einmal etwas davon mit –, der aber Papst Franziskus von einer menschlichen, privaten Seite zeigt.

Miriam Wuolou war seit Jahren Empfangsdame im Gästehaus Santa Marta, wo auch der Papst selbst wohnt. Die junge Frau war Diabetikerin und im siebten Monat schwanger. Sie war seit über einer Woche krankgeschrieben, als sie Mitte Februar allein in ihrer Wohnung in einem Vorort von Rom stirbt.

Papst Franziskus zeigt sich sehr betroffen vom plötzlichen Tod der Angestellten. Als der Leichnam in der kleinen Kirche Santo Stefano degli Abissini aufgebahrt wird, nimmt er sich viel Zeit für den Abschied. Er legt am Sarg einen Strauß weißer Rosen nieder, bleibt lang dort im stillen Gebet und segnet den Sarg schließlich mit Weihwasser.

Fußwaschung für Frauen

Bei der traditionellen Fußwaschung am Gründonnerstag weicht Papst Franziskus gern mal vom Althergebrachten ab und sorgt damit in konservativen Kreisen für Unmut. Traditionell wäscht der Papst bei diesem Ritus zwölf Priestern in der Lateranbasilika die Füße. Franziskus bricht mit der Gewohnheit gleich in mehreren Punkten, um das Augenmerk auf die Ränder der Gesellschaft zu lenken. In den letzten Jahren ging er beispielsweise ins Gefängnis, um Häftlingen die Füße zu waschen, darunter auch an Frauen und Muslimen.
Kritiker hatte der Vatikan mit dem Hinweis zu beruhigen versucht, es handle sich um eine Ausnahme. Pünktlich vor der Fußwaschung an Gründonnerstag 2016 beseitigt Papst Franziskus das „Ärgernis“ auf ganz pragmatische Weise: Er lässt die Regeln für den Ritus ändern, sodass die Fußwaschung an Frauen nun offiziell erlaubt ist.

Selfies mit Flüchtlingen

Am Gründonnerstag 2016 begibt sich Papst Franziskus für die Fußwaschung zu einer Asylunterkunft etwa 30 Kilometer nördlich von Rom. Unter den zwölf Personen, die an die Jünger Jesu bei der Fußwaschung zum Letzten Abendmahl erinnern, sind diesmal auch vier Frauen, drei Muslime und ein Hindu. Für die Männer und Frauen in der Flüchtlingsunterkunft ist es natürlich eine außergewöhnliche Erfahrung. Einige von ihnen kämpfen mit den Tränen. Und als Franziskus nach dem Ritus um ein Erinnerungsfoto gebeten wird, ist er gern zu Selfies bereit. „Für uns Moslems ist das, was hier geschieht, ein Symbol des Friedens", sagt einer der Flüchtlinge.

Unterstützung von Benedikt XVI.

Bei seinem Rücktritt 2013 hat Benedikt XVI. angekündigt, das Pontifikat seines Nachfolgers im Gebet zu begleiten, sich aber nicht einzumischen. Und daran hält er sich seither strikt. Die Gelegenheiten, bei denen der emeritierte Papst öffentlich zu sehen ist, lassen sich an den Fingern von ein bis zwei Händen abzählen. Beinahe schon als Sensation wird eine öffentliche Rede im Sommer 2015 gewertet, bei der es allerdings „nur“ um Kirchenmusik geht. Stellungnahmen zu Kirchenfragen sind ihm aber nicht zu entlocken.

Im März 2016 dann meldet sich Benedikt XVI. doch überraschend zu Wort. Mit einem Beitrag in einem Buch des Jesuiten Daniele Libanori. Es ist ein Sammelband unterschiedlicher Theologen unter dem Titel „Durch den Glauben“ („Per mezzo della fede“). Darin lobt er Franziskus: Indem dieser die Barmherzigkeit Gottes so in den Mittelpunkt rücke, bestätigt er das zentrale Anliegen der Kirche. „Für mich ist es ein Zeichen der Zeit, dass die Idee der Barmherzigkeit Gottes immer zentraler und dominierender wird.“

Die Wortmeldung Benedikts ist eine Rückenstärkung für Franziskus. Immerhin gibt es auch Stimmen, die ihm vorwerfen, die christliche Botschaft zu verzerren. Schließlich gehören dazu nicht nur die Barmherzigkeit, sondern auch die göttliche Gerechtigkeit, die Notwendigkeit der Buße und die Möglichkeit der ewigen Verdammnis.

Einmal den Papst sehen!

Es ist eine zu Herzen gehende Begegnung: Am 6. April 2016, am Rande der wöchentlichen Generalaudienz auf dem Petersplatz, trifft Franziskus ein kleines Mädchen. Die sechsjährige Lizzy Myers ist mit ihren Eltern aus dem US-Bundesstaat Ohio angereist. Hintergrund der Begegnung: Die kleine Lizzy leidet an einer seltenen Krankheit, dem Usher-Syndrom Typ II, die dazu führt, dass sie in den nächsten Jahren erblinden und taub werden wird. Eine Therapie gibt es nicht. Mit etwa zehn Jahren wird es um sie herum dunkel und still sein. Bis dahin wollen ihre Eltern, dass sie noch viel von der Welt sieht. Sie erfüllen dem Mädchen möglichst viele Reisewünsche. Einer dieser Wünsche: den Papst sehen. Die Familie Myers ist katholisch; Lizzys Mutter hat italienische Wurzeln.

Die Reisekosten übersteigen die finanziellen Möglichkeiten der Familie. Doch nachdem Zeitungen darüber berichten, spendiert der Chef von Turkish Airlines den Flug, ein römisches Hotel stellt der Familie ein Zimmer gratis zur Verfügung.

Und dann ist es so weit: Der Papst kommt nach der Generalaudienz auf die Familie zu, beugt sich zu Lizzy hinunter und unterhält sich mit ihr. Dann legt er die Hand auf ihre Augen, segnet sie und gibt Lizzy einen Kuss. Die Kleine lächelt schüchtern, schenkt dem Papst einen Stein von ihrem letzten Ausflug. Die Begegnung, so sagt der Vater Steve Myers, sei mit Sicherheit ein großes Erlebnis, etwas, woran sich Lizzy festhalten könne, wenn ihr Leben sich verändert.

Raus in die Stadt

Ab und zu würde er gern mal den Vatikan verlassen, einfach in der Stadt unterwegs sein, vielleicht eine Pizza essen gehen. Das hat Papst Franziskus selbst einmal in einem Interview zugegeben. Als Erzbischof in Buenos Aires hatte er sich diese Freiheiten genommen. Er war viel unterwegs, meist um den Menschen zu begegnen, beispielsweise in den Armenvierteln der Stadt.

Im Mai 2016 gelingt ihm das endlich auch in Rom. Mit einer Aktion, die den Namen „Freitag der Barmherzigkeit" erhält. Während des Jahrs der Barmherzigkeit will Franziskus freitags regelmäßig soziale und kirchliche Einrichtungen in Rom und der näheren Umgebung besuchen. Wo genau er auftaucht, wird vorher nicht bekannt gegeben. Eine gewisse Spontanität muss sein.

So bekommen am 13. Mai 2016 die Bewohner einer Einrichtung für geistig Behinderte in Ciampino bei Rom überraschend Besuch vom Papst. Es wird zusammen gesungen und gebetet, auch ein paar Fotos als Andenken gemacht. An einem Freitag wenige Wochen zuvor freuen sich die Heimbewohner eines Seniorenheims und einer Pflegestation am Rande Roms über den unverhofften Besuch. Mit der Aktion möchte Franziskus die Würde des Lebens in jeder Situation unterstreichen, heißt es aus dem Vatikan. Und „in jeder Situation" heißt, dass Franziskus auch die Patienten auf der Wachkomastation besucht.

„Runter vom Sofa!"

Jugendliche sollen sich nicht allzu bequem im Leben einrichten. Sie sollen laut sein, Träume haben, vor allem aber: in Bewegung bleiben und sich in der Welt engagieren. Mit deutlichen Worten gibt Franziskus zu verstehen, wie er sich junge Menschen wünscht. Er warnt davor, mit zwanzig Jahren „in Pension zu gehen" oder das Glück mit einem Sofa zu verwechseln: „Ein Sofa, das uns hilft, es bequem zu haben, ruhig und ganz sicher zu sein. [...] Ein Sofa, das uns innerhalb unserer vier Wände bleiben lässt, ohne uns abzumühen und uns Sorgen zu machen."

Es hat durchaus seine komischen Seiten, wie hier ein 79-Jähriger die Jugendlichen animiert, mehr Energie zu zeigen. „Man hört euch nicht!“, ruft er, als der erste Beifall noch etwas zaghaft kommt. „Noch einmal, dass die Welt es hört!“

Nicht wählerisch

Was ist wohl das Lieblingsgericht des Papstes? Meist wird bei dieser Frage über argentinische Spezialitäten wie Dulce de leche oder über Pizza spekuliert. Doch beim Weltjugendtag zeigt sich: Der Papst ist gar nicht besonders wählerisch. Bei einem gemeinsamen Mittagessen mit etwa einem Dutzend freiwilligen Helfern des Weltjugendtages fragen die Jugendlichen den Papst nach seinem Lieblingsessen. Franziskus antwortet: „alles“, und sagt zur Begründung, er habe einen „Magen aus Eisen“.

FRANZISKUS, DER BRÜCKENBAUER

„Manche tadeln mich, ich sei Papst-besoffen. Ich sage: Nein, ich bin Papst-begeistert!“

Friedrich Schorlemmer, evangelischer Pfarrer und Buchautor

„Um Benedikt zu mögen, muss man katholisch sein, um Franziskus zu mögen, nicht.“

Thomas Gottschalk

„Papst Franziskus ist ein Visionär für Europa und die ganze Welt.“

Kardinal Christoph Schönborn

Nächtliche Ruhestörung

Franziskus macht Anfang Juli 2015 eine Reise – allerdings keine Urlaubs-, sondern eine Arbeitsreise nach Ecuador, Bolivien und Paraguay. In Ecuador kommt es gleich am ersten Tag des Besuchs zu einem Zwischenfall, der Aufsehen erregt: Die Menschen sind so begeistert vom Besuch des Papstes, dass sie stundenlang in der Hauptstadt Quito ausharren, wo Franziskus in der Nuntiatur übernachtet. Besonders Jugendliche bleiben auch am späten Abend vor seinem Nachtquartier, singen laute Lieder, rufen in Sprechchören nach dem Papst und hoffen wohl, dass er sich noch einmal blicken lässt. Das tut er irgendwann auch.

Zunächst betet Franziskus mit den Jugendlichen, bittet sie dann aber, nun nach Hause zu gehen, damit „die Nachbarschaft schlafen kann“. Es sind immerhin sechs Stunden Zeitverschiebung, an die sich Franziskus nach dem 13-stündigen Flug gewöhnen muss. Man kann davon ausgehen, dass er einigermaßen müde ist an diesem Abend. Allerdings trägt er die Ruhestörung mit Fassung; schließlich hat er schon bei anderer Gelegenheit gesagt, Jugendliche müssten Lärm machen, das gehöre zum Jungsein dazu.

Papst bei Burger King

Es ist der Morgen des 9. Juli 2015. In Santa Cruz de la Sierra herrscht helle Aufruhr. Um zehn Uhr wird auf dem Jesus-Erlöser-Platz eine feierliche Messe gefeiert – nicht von irgendjemandem, sondern vom Papst persönlich. Die Straßen in der größten Stadt Boliviens sind überfüllt. Alle wollen den Papst sehen. Doch der kommt plötzlich aus einem Schnellrestaurant von Burger King. Ein seltsamer, etwas unfeierlicher Anblick. Wollte Franziskus sich noch rasch mit einem Burger vor der Messe stärken? Haben es ihm die Milchshakes angetan? – Nichts von alledem! Der Papst hatte einfach einen ruhigen Ort gesucht, um sich umzuziehen. Kurz entschlossen war er bei Burger King eingekehrt, wo sich wegen der Messe sowieso gerade keine Kunden befanden, und in sein liturgisches Gewand geschlüpft. Der Manager des Restaurants ist völlig überwältigt. Mit so hohem Besuch hätte er niemals gerechnet!

Eine Umarmung des amerikanischen Kontinents

Da ist dem Papst ein echtes diplomatisches Kunststück gelungen! 53 Jahre lang hatte frostiges Schweigen geherrscht zwischen Kuba und den USA; es gab keine diplomatischen Beziehungen mehr. Auf die persönliche Vermittlung von Papst Franziskus, der an beide Staatschefs Briefe schrieb, änderte sich das überraschend zu Beginn des Jahres 2015. Die diplomatischen Beziehungen werden wieder aufgenommen, Handels- und Reisebeschränkungen aufgehoben, Gefangene freigelassen. Im April 2015 streichen die USA Kuba von ihrer Terrorliste. Erstmals seit 60 Jahren treffen sich die Staatschefs beider Länder. Franziskus wird als „Krisenmanager der Stunde" gefeiert.

So überrascht es auch nicht, dass Papst Franziskus im September 2015 beide Länder in einer einzigen Reise vereint: In nicht ganz zehn Tagen besucht er zunächst Kuba, dann die USA, trifft beide Staatsoberhäupter. Es ist mehr als nur eine symbolische Geste, sondern ein Beitrag dazu, dass sich die Beziehungen zwischen beiden Ländern weiter normalisieren.

Mit einem Blick auf die Südamerika-Reise zwei Monate zuvor sagt einer seiner engsten Mitarbeiter, der Argentinier Guillermo Karcher, das Schöne an den Papstreisen in diesem Jahr sei, „dass er sozusagen den gesamten amerikanischen Kontinent umarmt“.

Messe mit Che Guevara

Es ist ein erster Höhepunkt der Kuba-Reise: eine Messe auf dem „Platz der Revolution“ in Havanna. Auf dem riesigen Platz finden regelmäßig offizielle politische Kundgebungen statt. Fidel Castro hat hier regelmäßig Ansprachen gehalten. Auffällig sind ein gigantisches Denkmal für den Nationalhelden José Martí und das Gebäude des Innenministeriums mit einem großen Bildnis des Revolutionärs Che Guevara und dem Spruch „Hasta la Victoria Siempre“ („Immer bis zum Sieg“).
Vor dieser Kulisse ist nun der Altar mit unübersehbarem Kreuz und Jesusstatue aufgebaut. Eine Messe unter den Augen von Che Guevara. Welten prallen aufeinander.

Deutliche Worte in Kuba

Doch nicht nur die Kulisse hat es bei der Messe in Havanna in sich. Der Papst findet in seiner Predigt sehr deutliche Worte, die den herrschenden Politikern, allen voran dem anwesenden Staatschef Raúl Castro, wenig behagen dürften. Die Kommunistische Partei Kubas herrscht seit der Revolution von 1959, eine politische Opposition ist im System nicht vorgesehen. Nicht regierungskonforme Parteien sind illegal.

Der Papst besteht zwar darauf, dass seine Reise rein pastorale Anliegen habe, aber man muss nicht sein Faible fürs politische Brückenbauen kennen, um in dieser Predigt zwischen den Zeilen lesen zu können: „Der Dienst ist niemals ideologisch, denn man dient nicht Ideen, sondern man dient Menschen", mahnt Franziskus. Er verurteilt Cliquenwirtschaft und Korruption, den „Dienst, der sich bedient".

Roter Teppich für Kleinwagen

Als der Papst in Washington vor dem Weißen Haus eintrifft, werden wie bei hohem Staatsbesuch üblich sämtliche Register gezogen. Mehr Protokoll, Pomp, Galauniformen und Fanfaren gehen nicht! Es ist eine riesige Show, der der Hauptakteur mit dem ihm eigenen Sinn fürs Unspektakuläre seinen Stempel aufdrückt: Am roten Teppich, wo Barack Obama mit Ehefrau den hohen Gast erwarten, kommt er in einem Fiat 500L an. Hier werden sonst nur schwarze Limousinen gesichtet. Ein Kleinwagen wirkt da recht seltsam. „Nur der Papst auf einem Leihfahrrad hätte am roten Teppich des Weißen Hauses schräger ausgesehen", kommentiert ein Journalist. Und doch ist es nicht einfach eine Marotte, sondern der Papst zeigt: Er spielt hier keine Rolle, sondern bleibt einfach er selbst. Was er in den USA in den nächsten Tagen über Klimawandel und soziale Gerechtigkeit sagt, das sind keine Lippenbekenntnisse, sondern das meint er ernst.

Tränen im US-Kongress

Mit großer Spannung wird die Rede des Papstes im amerikanischen Kongress erwartet. Es ist das erste Mal überhaupt, dass ein Papst eingeladen ist, im Kongress zu sprechen. Und Franziskus enttäuscht die hohen Erwartungen nicht. Am Ende stellt er es so geschickt an, dass Kritiker wie Akteure der US-Politik zufrieden sind.

Einerseits packt er sämtliche „heiße Eisen“ an und liest den Kongressabgeordneten kräftig die Leviten. Gegen die in den USA praktizierte Todesstrafe und Waffenlieferungen argumentiert er ebenso wie für den Naturschutz und die Offenheit gegenüber Einwanderern. Dabei sind vor allem die Republikaner bei diesen Themen gar nicht auf seiner Linie. Franziskus kommt als „schwieriger Gast“, gar als „Zumutung“, wie manche meinen.

Doch der Papst packt die Abgeordneten bei ihrer Ehre und bei den Emotionen. Er erinnert daran, dass die allermeisten der Anwesenden – er selbst eingeschlossen – aus Einwandererfamilien stammen. Als Franziskus aus der amerikanischen Nationalhymne zitiert und sich dafür bedankt, hier sprechen zu dürfen, „in the land of the free and the home of the brave“ (im Land der Freien und der Heimat der Tapferen), da können selbst die Republikaner ein paar Tränen der Rührung nicht unter-

drücken und greifen zum Taschentuch. So intensiv, meinen Beobachter, hätten die Abgeordneten noch nie jemandem zugehört.
Am Ende spricht der Papst vom Balkon aus kurz zu den Menschen, die vor dem Kapitol seine Rede verfolgt haben. Als er die Anwesenden und besonders die Kinder segnet, kämpft der neben ihm stehende Sprecher des Repräsentantenhauses, John Boehner, erneut mit den Tränen.

Franziskus schreibt Kirchengeschichte

Von Anfang an ist Franziskus ein Premieren-Papst: Er ist der erste Pontifex aus Lateinamerika, der erste Jesuit auf dem Stuhl Petri, und der Erste, der sich Franziskus nennt. Im Lauf seiner Amtszeit kommen weitere Premieren hinzu. So auch diese: Franziskus ist der erste Papst, der einen Patriarchen der russisch-orthodoxen Kirche trifft. Es gilt als kirchenpolitische Sensation. Seit Jahrzehnten hat die russisch-orthodoxe Kirche, die mitgliederstärkste unter den orthodoxen Kirchen, ein Treffen mit dem Papst strikt abgelehnt und der Gesinnungswandel kommt überraschend.
Bei seiner Reise nach Mexiko im Februar 2016

macht Franziskus einen Zwischenstopp auf Kuba, um dort den Moskauer Patriarchen Kyrill I. zu treffen. Ausgerechnet auf dem kargen Flughafengelände von Havanna findet das historische Treffen statt. Ein paar Topfpflanzen und ein Kruzifix verschönern das Ambiente nur notdürftig. Doch das tut der Stimmung keinen Abbruch. Bereits während des Fluges nennt Franziskus den Patriarchen „meinen lieben Bruder Kyrill“. Die auf Russisch und Italienisch verfasste gemeinsame Erklärung schlägt einen ähnlichen Ton an: Katholiken und Orthodoxe seien Geschwister, heißt es da. Das gemeinsame Ziel: Frieden, Religionsfreiheit, die Stärkung der christlichen Wurzeln Europas und die Überwindung der Kirchenspaltung. Es gilt als großer Schritt für die Ökumene.

Mexiko: ein Land feiert

Mexiko ist nach Brasilien das Land mit der zweitgrößten katholischen Bevölkerung weltweit. Als Papst Franziskus im Februar 2016 für fünf Tage nach Mexiko reist, ist die Begeisterung riesengroß. „Franziskus, Bruder, du bist schon Mexikaner“, rufen die Menschen dem Papst zu, der trotz ungemütlich niedriger Temperaturen die 20

Kilometer vom Flughafen im offenen Papamobil fährt. Die Straßen sind gesäumt von Menschen. Jeden Tag feiert Papst Franziskus eine große Messe. Das ist ungewöhnlich; sonst bilden ein oder zwei große Messen die Höhepunkte einer Papstreise. Immer wieder sieht man sogar Bischöfe, die während einer Messe schnell ein Foto mit dem Handy machen, um den Besuch des Papstes im Bild festzuhalten.

Ungewöhnliche Reiseziele

Papst Franziskus besucht in Mexiko natürlich das Nationalheiligtum in Guadalupe, aber andere Stationen auf seiner Reise hat bisher nie ein Papst besucht: Morelia, das Kerngebiet der mexikanischen Mafia, das riesige Armenviertel Ecatepec am Rand von Mexico City, Chiapas, die ärmste Region des Landes, wo ein sehr hoher Anteil der indigenen Bevölkerung lebt.
Hier, in den „dunklen" Gegenden Mexikos spendet Franziskus Trost und ermutigt die Menschen. Er legt den Finger in die Wunden des Landes: Drogenkriminalität, Bandenkriege, Korruption, Diskriminierung – er weicht diesen Themen nicht aus und ruft auch die mexikanischen Bischöfe auf, sich auf die Seite der Schwachen und Armen zu stellen.

Der Brückenbauer

Der Programmpunkt der Mexiko-Reise, der die meiste Aufmerksamkeit erregt, ist eine Feier der heiligen Messe in der Grenzstadt Ciudad Juárez mit dem berüchtigten Gefängnis „Cereso 3". Die Stadt an der Grenze zur USA hat die weltweit höchste Mordrate. Hier herrscht ein regelrechter Drogenkrieg. Das Männergefängnis gilt als eines der gefährlichsten der Welt. Die Sicherheitsbeamten haben hier längst die Kontrolle verloren; es herrscht das Gesetz des Stärkeren.

Dass der Papst ausgerechnet in diese „Hölle auf Erden" kommt, findet ein positives Echo. Ein „Geniestreich", „die perfekte Wahl" heißt es. Mehr als 200 000 Gläubige feiern die Messe in Ciudad Juárez mit. Aber sie sind nicht die Einzigen. Der Altar steht nur hundert Meter vom Grenzfluss, dem Rio Grande, entfernt. Auf der anderen Seite liegt El Paso im US-amerikanischen Bundesstaat New Mexiko. Auch hier feiern Zehntausende die Messe mit. Wer nicht bis zum Grenzzaun fährt, kann die Messe live im Stadion von El Paso auf großen Leinwänden verfolgen. Als Brückenbauer feiert Franziskus auf diese Weise eine Messe, die Grenzen überwindet. Und er bedankt sich bei den Gläubigen jenseits des Grenzzauns. „Danke, Brüder und Schwestern in El Paso, dass ihr uns das Gefühl vermittelt habt, eine einzige Familie und ein und dieselbe christliche Gemeinde zu sein."

Franziskus gegen Trump

Die wohl schillerndste Figur im US-Wahlkampf 2016 ist der Milliardär Donald Trump, der für die Republikaner ins Rennen zieht und im November tatsächlich die Wahl gewinnt. Umfragen zufolge sieht es für den Immobilienhai Trump bereits im Frühjahr 2016 nicht schlecht aus. Viele Amerikaner fühlen sich von seiner machohaften Haudrauf-Rhetorik angesprochen: Gegen illegale Einwanderer will er zu Felde ziehen. Gleich in seiner ersten Wahlkampfrede kündigt er an, entlang der Grenze zwischen den USA und Mexiko eine Mauer zu bauen, denn aus Mexiko kämen ja sowieso nur „Vergewaltiger und Schmuggler".

Im Februar mischt sich Papst Franziskus – unfreiwillig, aber fast zwangsläufig – in den Wahlkampf ein. Bei seinem Besuch in Mexiko geht es ihm besonders um die Nöte der Bevölkerung durch Drogenkriminalität und Armut. Viele versuchen, dem Elend in Richtung USA zu entfliehen. Hunderte sterben jährlich beim Versuch, die Grenze zu überqueren. Bei seiner Abschlussmesse direkt an der

Grenze legt der Papst Blumen für diese Verstorbenen nieder.
Bei der Pressekonferenz auf dem Rückflug von Mexiko sagt Franziskus dann: „Ein Mensch, der nur daran denkt, Mauern zu bauen und nicht Brücken, der ist nicht christlich.“ In den Wahlkampf selbst wolle er sich nicht einmischen, dennoch wirft ihm Trump genau das vor. Der Papst solle gefälligst bei religiösen Fragen bleiben, so Trump. Auf Trumps Vorwurf, er sei „zu politisch“, entgegnet der Papst verschmitzt, der Mensch sei ja laut Aristoteles ein „zoon politiko“, also ein politisches Wesen. In gewohnt brachialer Art reagiert Trump darauf: Sobald der IS in den Vatikan einfalle, würde sich der Papst schon noch einen Präsidenten Trump wünschen!

Alles Gute zum 80.!

Am Samstag, dem 17. Dezember 2016, wird Franziskus 80 Jahre alt. Es ist für ihn ein ganz gewöhnlicher Arbeitstag. Eine Feier ist nicht geplant. Allerdings hat er zu einem Geburtstagsfrühstück wie schon drei Jahre zuvor einige Obdachlose eingeladen. Die acht Männer und Frauen bringen Sonnenblumen mit. Es gibt Kaffee, Orangensaft und Croissants mit Wurst oder Nutella. Um acht

Uhr feiert der Jubilar eine Messe mit allen Kardinälen, die in Rom wohnen. „Es ist ruhig, das Alter, und fromm“, zitiert er dabei seinen Lieblingsdichter Friedrich Hölderlin und fügt hinzu, das Alter sei eine Zeit der Weisheit: „Hoffen wir, dass es auch bei mir so ist.“

Humor ist, wenn man trotzdem lacht

Im Februar 2017 tauchen in Rom anonyme Plakate auf, die sich gegen Papst Franziskus richten. Unter einem nicht besonders schmeichelhaften Foto des Papstes sind da umgangssprachlich in römischem Dialekt Vorwürfe aufgelistet, die man für gewöhnlich aus konservativen Kreisen der Kurie hört. Die Plakate richten sich kurz gesagt gegen den Reformkurs des Papstes. Es wird spekuliert, dass Teile der Kurie selbst hinter der Aktion stecken.

Und der Papst? Er nimmt's gelassen. Als er später von Giovanni di Lorenzo in einem Interview für die „Zeit“ darauf angesprochen wird, beweist er seinen unverwüstlichen Sinn für Humor: „Der römische Dialekt der Plakate war großartig“, meint er. „Den hat nicht irgendeiner von der Straße geschrieben, sondern ein kluger Kopf." –„Jemand aus dem Vatikan?", hakt di Lorenzo nach. – „Nein, ich sagte doch: ein kluger Kopf."

Franziskus, der Anti-Trump

Im Frühjahr 2017, schon in den chaotischen ersten Wochen der Präsidentschaft von Donald Trump, regt sich rasch Widerstand im liberalen Teil Amerikas. Sämtliche seriöse Medien, deren kritische Berichterstattung Trump gern als „fake news" (Falschnachrichten) verunglimpft, arbeiten sich am Präsidenten ab.

In einem ausführlichen Artikel, der am 4. März erscheint, vergleicht die New York Times Trump mit Papst Franziskus und stellt den Papst als „Anti-Trump" dar, als Gegenentwurf zum fremdenfeindlichen, narzisstischen und unbeherrschten Demagogen im Weißen Haus. Es scheint, als suche das renommierte Blatt verzweifelt nach einem Gegengewicht auf der Weltbühne, nach einem Hoffnungsschimmer. Den entdeckt die Zeitung im Vatikan. Franziskus sei ein „Brückenbauer in einer Zeit des Mauerbaus" heißt es da in Anspielung auf Trumps Abschottungspläne gegenüber Mexiko.

In dem Artikel erscheint Papst Franziskus geradezu als Lichtgestalt; sein umfassender Humanismus wird hervorgehoben. Und eine Anekdote wird erzählt: Als der Papst bei seinem Besuch im Flüchtlingscamp auf Lesbos zwölf Flüchtlinge mit in den Vatikan nimmt und er von Reportern gefragt wird, warum denn unter ihnen keine Christen seien, habe der Papst geantwortet, alle zwölf seien Kinder Gottes.

Ein Anruf aus heiterem Himmel

Am 25. März 2017, einem Samstag, besucht Papst Franziskus Mailand. Auf dem Plan stehen zahlreiche Termine, von einem Besuch im lokalen Gefängnis, Begegnungen mit Firmlingen und Priestern bis zu einer großen Messfeier – der Tag ist vom frühen Morgen bis zur Rückkehr in Rom am Abend ausgeplant. Irgendwo bei einem dieser Termine soll auch eine 81-jährige Mailänderin dem Papst persönlich begegnen. Ein großes Ereignis, das nun leider ins Wasser fällt, denn die alte Dame ist krank geworden.

Als Verwandte der Frau dem Papst davon erzählen, leiht er sich kurzerhand deren Handy aus, ruft bei der Kranken an und spricht ihr Mut zu. Zum Schluss spendet er ihr den Segen. Es ist ein Gespräch von nur wenigen Minuten und eine kleine Geste, aber andererseits für jemanden, der gerade ein Treffen mit dem Papst verpasst, der beste Trost!

Die Ärmel hochkrempeln

Im April 2017 wird auf Anregung von Papst Franziskus im römischen Stadtteil Trastevere ein Waschsalon für Obdachlose eröffnet. Hier können Bedürftige ihre Wäsche waschen und bügeln; es gibt sechs moderne Waschmaschinen und ebenso viele Wäschetrockner. Die Geräte, Waschmittel und Weichspüler stammen aus Spenden. Der Salon wird von der Basisgemeinschadt Sant'Egidio betreut.

Anstoß für die Einrichtung des Salons gab ein Brief, den Papst Franziskus im November 2016 zum Ende des Heiligen Jahrs der Barmherzigkeit verfasste. Darin entwirft er die Idee von einer „verlässlichen Stadt" für alle. Dafür sei es notwendig, „die Ärmel hochzukrempeln" und bedürftigen Menschen auf konkrete, greifbare Weise zu helfen. Wie eine solche praktische Hilfe aussieht, das kann man in der „Lavanderia di Papa Francesco" („Waschsalon von Papst Franziskus") erleben.

Verwechslung im Waschsalon

Bei der Eröffnung des päpstlichen Waschsalons berichten natürlich die Medien darüber. In der Süddeutschen Zeitung erscheint ein herrlich missverständliches Foto: Darauf zu sehen ist ein älterer Herr im dunkelblauen Pullover und mit dem unverkennbaren Profil das Papstes, der gerade eine Waschmaschine im Salon bestückt. Die Bildunterschrift: „Papst Franziskus betreibt in Rom jetzt einen Waschsalon für Obdachlose." Aha, denkt sich der erstaunte Leser, hier legt der Papst selbst Hand an, hat die weiße Soutane gegen einen gemütlichen Pullover eingetauscht und probiert die Maschinen des neuen Waschsalons selbst aus. Bodenständig wie er ist – zuzutrauen ist ihm das allemal!

Allerdings: Auf dem Foto ist gar nicht der Papst selbst zu sehen, sondern einer der Obdachlosen, der Franziskus zugegebenermaßen im Profil verblüffend ähnlich sieht. Ob die Redakteure der Süddeutschen dem Missverständnis selbst aufgesessen sind oder ob ihnen gar nicht bewusst war, wie man das Foto mit dieser Bildunterschrift interpretiert – wer weiß das schon? Lustig und bemerkenswert ist aber, dass die Vorstellung vom hemdsärmelig Wäsche waschenden Franziskus gar nicht sehr befremdlich wirkt.

Mafiosi bei der Fußwaschung

Ein starkes Zeichen der Vergebung setzt Franziskus zu Gründonnerstag 2017. Zur traditionellen Fußwaschung besucht er ein Gefängnis in der Kleinstadt Paliano, etwa 60 Kilometer von Rom entfernt, wo vor allem ehemalige Mafiosi einsitzen, die sich von der Mafia abgewandt haben und mit der Justiz zusammenarbeiten.

Immer wieder hört man vom Papst sehr klare Botschaften gegen die Mafia. Am eindrücklichsten waren da vielleicht seine Worte vom Sommer 2014, mit denen er Mafiosi exkommunizierte. Aber er wäre nicht Franziskus, der Papst, dem das Thema Barmherzigkeit ein Herzensanliegen ist, wenn er bei einer Umkehr nicht ebenso klar zur Vergebung bereit wäre. „Alle haben das Recht, sich zu irren", sagt Franziskus. Bei seinem Besuch sind keine Kameras zugelassen. Papst Franziskus feiert mit den Häftlingen die heilige Messe und wäscht zwölf von ihnen die Füße; darunter Christen und Muslimen, Männern und Frauen.

Jorge Mario Bergoglio – Franziskus

1936	Jorge Mario Bergoglio wird in Buenos Aires, Argentinien, geboren Ausbildung zum Chemietechniker
1956	Eintritt in das diözesane Priesterseminar
1958	Eintritt in den Jesuitenorden
1958-1963	Noviziat in Córdoba, Argentinien, geisteswissenschaftliches Grundstudium in Chile, Studium der Philosophie in San Miguel, Argentinien
1964-1966	Lehrer für Literatur und Psychologie am Jesuitenkolleg in Santa Fé und Buenos Aires
1967-1970	Theologiestudium in San Miguel, Argentinien
1969	Priesterweihe
1971-1971	Tertiat, letzte Ausbildungsstufe im Jesuitenorden, in der Nähe von Madrid in Spanien
1973-1979	Provinzial des Jesuitenordens in Argentinien
1980-1986	Rektor des Colegio Máximo San José in San Miguel, Theologieprofessor der Fakultäten für Philosophie und Theologie
1985	Zweimonatiger Sprachkurs am Goethe-Institut in Boppard, Deutschland
1986	Studienaufenthalt an der Philosophisch-Theologischen Hochschule Sankt Georgen in Frankfurt am Main
1986-1992	Seelsorger in Buenos Aires und Córdoba, Argentinien, als Spiritual und Beichtvater
1992	Ernennung zum Weihbischof in Buenos Aires, Bischofsweihe
1998-2013	Erzbischof von Buenos Aires

2001	Erhebung zum Kardinal, Generalrektor der 10. Ordentlichen Bischofssynode
2005-2011	Vorsitzender der Argentinischen Bischofskonferenz
2013	13. März: Wahl zum Papst
2013	5. Juli: 1. Enzyklika *Lumen fidei*
2013	Ende Juli: Reise zum Weltjugendtag in Rio de Janeiro
2013	24. November: das Apostolische Schreiben *Evangelii Gaudium* wird veröffentlicht
2014	26.-28. Mai: Pilgerreise ins Heilige Land
2014	13.-18. August: Reise nach Südkorea zum VI. Asiatischen Jugendtag
2014	21. September: Reise nach Albanien
2014	28.-30. November: Reise in die Türkei
2014	25. November: Ansprache im Europaparlament und im Europarat
2015	12.-19. Januar: Reise nach Sri Lanka und auf die Philippinen
2015	11. April: Franziskus ruft ein außerordentliches Heiliges Jahr der Barmherzigkeit aus.
2015	24. Mai: 2. Enzyklika *Laudato si'* über Bewahrung der Schöpfung und humane Ökologie
2015	5.-13. Juli: Reise nach Ecuador, Bolivien und Paraguay
2015	19.-28. September: Reise nach Kuba und in die USA, Rede vor der UNO-Vollversammlung
2015	25.-30. November: Reise nach Kenia, Uganda und in die Zentralafrikanische Republik
2016	12.-18. Februar: Reise nach Mexiko
2016	19. März: Nachsynodales Schreiben *Amoris laetitia* über die Liebe in der Familie
2016	6. Mai: Verleihung des Karlspreises
2016	24.-26. Juni: Reise nach Armenien

2016	16. April: Reise nach Lesbos zum Flüchtlingslager Moria
2016	27.-31. Juli: 31. Weltjugendtag in Polen
2016	17. Dezember: Papst Franziskus feiert seinen 80. Geburtstag
2016	31. Oktober - 1. November: Reise nach Schweden
2016	30. September - 2. Oktober: Reise nach Georgien und Aserbaidschan